学习雷锋好榜样丛书

雷锋精神

李路华　编著

吉 林 人 民 出 版 社

图书在版编目(CIP)数据

雷锋精神 / 李路华编著. -- 长春 : 吉林人民出版社, 2012.5

(学习雷锋好榜样丛书)

ISBN 978-7-206-09071-4

Ⅰ. ①雷… Ⅱ. ①李… Ⅲ. ①雷锋精神 - 学习参考资料 Ⅳ. ①D64

中国版本图书馆CIP数据核字(2012)第113251号

雷锋精神

LEIFENG JINGSHEN

编　　著:李路华

责任编辑:卢俊宁　　　　封面设计:七洱

吉林人民出版社出版 发行(长春市人民大街7548号　邮政编码:130022)

印　　刷:鸿鹄(唐山)印务有限公司

开　　本:670mm×950mm　1/16

印　　张:8　　　　字　　数:70千字

标准书号:ISBN 978-7-206-09071-4

版　　次:2012年7月第1版　　印　　次:2021年8月第2次印刷

定　　价:35.00元

目录 CONTENTS

1. 雷锋档案 …… 1

2. 雷锋小传 …… 1

3. 前　言 …… 1

第一章　学习雷锋是时代的呼唤 …… 1

一、弘扬雷锋精神的重大历史意义 …… 2

二、雷锋精神的时代特征和丰富内涵 …… 19

第二章　赤胆忠心　爱党爱国 …… 34

一、雷锋精神是对共产党领导的坚持 …… 36

二、雷锋精神是对爱国主义精神的弘扬 …… 38

三、雷锋精神是爱国主义与社会主义的高度统一 …………41
【雷锋这样做】 ……………………………………………44
第三章 坚定信仰 守望理想 ………………………………49
一、雷锋精神以共产主义理想信念为核心和灵魂 …………50
二、雷锋精神以无产阶级的人生观和世界观为依托 ………51
三、雷锋精神是一种人生信仰 ………………………………52
【雷锋这样做】 ……………………………………………54
第四章 坚守岗位 甘愿平凡 ………………………………59
一、传承和弘扬雷锋的“螺丝钉”精神 ……………………60
二、爱岗敬业精神是中华民族的传统美德 …………………62
三、爱岗敬业的内涵变迁与当代解读 ………………………64
【雷锋这样做】 ……………………………………………68
第五章 乐于助人 无私奉献 ………………………………72
一、奉献是雷锋精神的本质 …………………………………73
二、全心全意为人民服务是雷锋精神的核心 ………………76
三、助人为乐是雷锋精神充满感召力的决定因素 …………78
【雷锋这样做】 ……………………………………………81

第六章　勤俭节约　艰苦奋斗 …………………………………… 86
一、学习雷锋勤俭节约、艰苦朴素的精神 …………………… 88
二、崇尚俭朴是中华民族始终坚持的优良作风 …………… 91
【雷锋这样做】 ………………………………………………… 94
第七章　自强不息　锐意进取 ………………………………… 100
一、发扬雷锋锲而不舍的“钉子”精神 …………………… 101
二、雷锋精神是中华民族自强不息精神的重要体现 ……… 103
三、雷锋精神与以改革创新为核心的时代精神相契合 …… 105
【雷锋这样做】 ………………………………………………… 107

雷锋档案

原名：雷正兴

性别：男

民族：汉

籍贯：湖南望城县

身高：1.54 米

体重：不足 55 公斤

生日：12 月 18 日

属相：龙

星座：射手座

职业：公务员 工人 军人

政治面貌：中共党员

处女作：《我学会开拖拉机了》

口头禅："这是我应该做的"

座右铭：人的生命是有限的，可是，为人民服务是无限的，我要把有限的生命，投入到无限的为人民服务之中去。

牺牲原因：因公殉职

雷锋小传

雷锋，原名雷正兴，1940 年 12 月 18 日（农历十一月二十）出生在湖南省长沙望城县简家塘一个贫苦农民家里。因为这一年是农历“庚辰”年，家人给他取了一个乳名叫“庚伢子”。雷锋出生的时候，正是抗日战争时期，人民生活于水深火热之中。雷锋曾在一篇日记中写道：“我家里很穷，父母哥弟都死在民族敌人和阶级敌人的手里，这血海深仇，我永远铭记在心。”

雷锋的爷爷叫雷新庭，以租种地主田地谋生，整年辛苦劳作，但一年下来挣不到几个钱，仍无法维持家人的生计，最后身染重病，卧床不起。到年关时，地主前来逼债，要雷家在年前还清租债，雷新庭无力偿还，绝望中悲愤交集，在过年的鞭炮声中被活活逼死。

雷锋的父亲雷明亮，从小和雷锋的爷爷吃苦受累，一起务农，1926年参加过著名的湖南农民运动。后来运动失败后，雷明亮到长沙市仁和福油盐铺当了挑夫。资本家逼迫他到江边去运货，遭到歹徒毒打，重伤吐血，无奈又带着伤回到家乡种田。1944年雷明亮被日寇拉去做挑夫，由于反抗遭受毒打而吐血，后来病情越来越厉害，也没有钱医治，于1945年春天病死。

雷锋的哥哥雷振德，12岁的时候离开家，到几百里外的天津市一家工厂做童工，得了童子痨（肺结核）。由于身染重病，工作时突然昏倒在机器旁，被轧伤了胳膊和手指，可是，狠心的老板却以此为由把他辞掉。雷振德无奈带着病残的身躯回到家乡，由于迫于生计又找到一家印刷工厂做童工，但是劳累过度，肺病一天天加重，又没钱医治，1946年也悲惨死去。雷锋还有一个未成年的弟弟，也是连饿带病死在母亲的怀里。

雷锋6岁的时候，家里只剩下了他和母亲两个人。雷锋的母亲也是一个受尽折磨的苦命人。她是铁匠的女儿，生下来几天，由子贫穷，父母无力抚养，就把她送进长沙一家育婴堂，简家塘一个姓杨的妇女把她抱回家抚养，6岁时把她送给雷家做了童养媳。后来，雷锋的母亲被地主唐四滚子凌辱而自尽。

雷锋在不满 7 岁时就成了孤儿。本家的六叔奶奶收养了他。他为了帮助六叔奶奶家，常常上山砍柴，可是，当地的柴山都被有钱人家霸占了，不许穷人去砍柴。有一天雷锋到蛇形山砍柴，被徐家地主婆看见了，这个地主婆指着雷锋破口大骂，并抢走了柴刀，雷锋哭喊着要夺回砍柴刀，那地主婆竟举起柴刀在雷锋的左手背上连砍三刀，鲜血顺着手指滴落在山路上。

1949 年 8 月，湖南解放了，小雷锋便找到路过的解放军连长要求当兵。连长没同意，但把一支钢笔送给他。1950 年，雷锋当了儿童团团长，积极参加土改。同年夏，乡政府的党支书供他免费读书，后来加入少先队。

1956 年夏天，他小学毕业后在乡政府当了通信员，不久调到望城县委当公务员，被评为机关模范工作者，并于 1957 年加入共青团。1958 年春，雷锋到团山湖农场，只用了一周的时间就学会了开拖拉机。同年 9 月，雷锋响应支援鞍钢的号召，到辽宁鞍山做了一名推土机手。第二年 8 月，他又来到条件艰苦的弓长岭焦化厂参加基础建设，曾带领伙伴们冒雨奋战保住了 7 200

袋水泥免受损失，当时的《辽阳日报》报道了这一事迹。在鞍山和焦化厂工作期间，他曾3次被评为先进工作者，5次被评为标兵，18次被评为红旗手，并荣获“青年社会主义建设积极分子”的光荣称号。

1959年12月征兵开始，雷锋迫切要求参军，焦化厂领导舍不得放他走。雷锋跑了几十里路来到辽阳市兵役局表明参军的决心。他身高只有1.54米，体重不足55公斤，均不符合征兵条件，但因政治素质过硬和有经验技术，最后被破例批准入伍。

参加人民解放军后，雷锋被编入工程兵某部运输连四班，任班长。他全心全意为人民服务，只要是对人民有利的事，他都心甘情愿地去做。他曾多次立功，被评为节约标兵和模范共青团员。1960年入党，并被选为抚顺市人民代表。1962年8月因公殉职。

1963年3月，毛泽东同志亲笔题词：“向雷锋同志学习。”周恩来题词：“向雷锋同志学习：憎爱分明的阶级立场，言行一致的革命精神，公而忘私的共产主义风格，奋不顾身的无产阶级斗志。”掀起全国人民特别是青少年向雷锋学习的热潮。

前　　言

雷锋，一个年仅22岁的普通解放军战士，在离去整整半个世纪后，他的名字仍然为人们所熟知和广为传颂。尽管历经岁月的冲刷，雷锋这个名字背后的真、善、美的精神内涵仍不失为我们现代人道德行为规范的楷模。不可否认，雷锋精神的产生有其时代背景。新中国的诞生结束了他贫苦的生活，身为孤儿的他感受到了党和国家带给他的温暖，使他发自内心地感恩祖国、感恩党、感恩人民、感恩那个令人沸腾的时代。

这是一个内心充满阳光、乐观向上的快乐男孩。他也不断靠着自身的努力，改变着自己的命运：当过农民、当过拖拉机手、到炼钢厂当工人，后来参加了解放军，还当选为人民代表。他每一次的工作变动，都是在克服客观条件不足的前提下完成的，不断实现着自己的人生价值。

雷锋属于那个时代，但雷锋精神却跨越了时代。雷锋的所为是每一个普通公民不需要花费太多的时间和精力就完全能够带给他人快乐的善举。舍己而利他的雷锋精神是与我们目前正在大力倡导的社会主义核心价值体系不谋而合、紧密相连的。雷锋精神的助人、利他精髓也是传承了中国人延续几千年的从善如流的古训，规范着人的行为道德规范，并在天长日久、潜移默化中影响、塑造着一个个平凡而又普通的中国人积善成德的常态行为。

雷锋，是社会主义时代涌现出来的一名先进青年和时代英雄，是实践社会主义、共产主义思想道德的楷模，以短暂的一生谱写了无比壮丽的人生诗篇，树起了一座令人景仰的思想道德丰碑，是人民群众心目中一个光辉的榜样和一面鲜红的旗帜。雷锋精神是中华民族精神的重要内容，哺育和激励了一代又一代人成长。

正如胡锦涛同志所指出的："雷锋这个光辉的名字和他崇高的精神品格，在历史发展中始终焕发着光彩。"

半个世纪以来，雷锋精神所蕴含的价值、信念、理想已经成为社会主义核心价值体系的重要组成部分，它所代表的职业道德、社会公德、艰苦奋斗与刻苦钻研的精神，已经成为和谐社会的内在动力。雷锋能赢得亿万人民如此真挚和长久的敬意，学雷锋活动能够在几十年历史进程中延续不断，影响一个时代的社会风尚，说明雷锋精神已经融入了全党全国各族人民团结奋斗的共同思想道德基础，对我们的社会始终具有重大价值和长久魅力。

雷锋是人，不是神。他和我们许多80后、90后年轻人一样爱美、爱干净，穿着时尚整洁的衣服。更可贵的是，雷锋走到哪里，就把好事做到哪里，就把快乐带到哪里。雷锋，绝不是只属于哪一个时代的楷模；更是所有人从小到大、塑造成长个性的成功典范。

为了贯彻深入开展学雷锋活动，推进社会主义核心价值体系建设，在全社会大力弘扬雷锋热爱党、热爱祖国、热爱社会主义的崇高理想和坚定信念，大力弘扬雷锋服务人民、助人为乐的奉献精神，大力弘扬雷锋干一行爱一行、专一行精一行的敬业精神，大力弘扬雷锋锐意进取、自强不息的创新精神，大力弘扬雷锋艰苦奋斗、勤俭节约的创业精神，形成深入学习雷锋精神、积极践行雷锋精神的生动局面，推动学雷锋活动的常态化、机制化，我们精心编写了这本《学习雷锋好榜样——雷锋精神》，期望能在坚定人们的理想信念、铸就人们的精神支柱、丰富人们的精神世界、形成正确的价值取向、树立鲜明的道德标尺、培育文明新风、促进良好社会风气的形成等方面带来一定的推动作用。

第一章　学习雷锋是时代的呼唤

学习雷锋好榜样，忠于革命忠于党，爱憎分明不忘本，立场坚定斗志强；

学习雷锋好榜样，艰苦朴素永不忘，愿做革命的螺丝钉，集体主义思想放光芒；

学习雷锋好榜样，毛主席的教导记心上，全心全意为人民，共产主义品德多高尚；

学习雷锋好榜样，毛泽东思想来武装，保卫祖国握紧枪，继续革命当闯将。

——雷锋歌词

历史长河，历经沧桑。许多风光一时的人物，随风雨而淡去，但雷锋这个名字，在历史进程中始终焕发着光彩！作为中国最知名也最有影响的道德标杆人物，在一个全民道德些许滑坡的年代，在一个追逐物质欲望的年代，重拾雷锋精神，就是重拾人们的善念和人心，也是挽救自己。

如果你是一滴水，你是否滋润了一寸土地？如果你是一线阳光，你是否照亮了一分黑暗？如果你是一颗粮食，你是否哺育了有用的生命？如果你是一颗最小的螺丝钉，你是否永远坚守着你生活的岗位……

一、弘扬雷锋精神的重大历史意义

在中国共产党90多年的奋斗历程中，涌现出了无数的先进模范人物。雷锋，这位平凡岗位上的普通战士，就是其中的典范。他以全心全意为人民服务的崇高精神和实际行动，诠释了中华民族的传统美德，展示了共产党员的先进性。胡锦涛同志指出："雷锋这个光辉的名字和他崇高的精神品格，在历史发展中始终焕发着光彩。"近半个世纪以来，全国兴起了持久的学雷锋热潮。当前，我们应以建设社会主义核心体系为契机，深入开展学雷锋活动，大力弘扬雷锋精神，为推动党和国家事业发展、构建社会主义和谐社会提供强大的精神力量。

（一）雷锋精神是社会主义精神文明建设的重要成果

雷锋精神是伴随着时代发展而产生的，伴随着社会进步而不断深化、拓展的一种崇高精神，具有很强的导向作用、熏陶作用、激励作用和推动作用。雷锋精神的产生绝非偶然，而是扎根于社会主义中国这片肥沃土壤，形成于我们党长期坚持社会主义精神文明建设、探索社会主义核心价值体系的实践之中。雷锋精神所体现的崇高的理想、信念、道德、立场和境界，是我国社会主义精神文明建设的丰硕成果，是我们应该传承的一笔巨大精神财富。当前，社会经济迅速发展，人民生活水平大幅提高，物质文明已上升到一定的阶段，但精神文明仍然有一定的差距。物质文明发展了，精神文明如果上不去，就很容易产生“好逸恶劳”、“好吃懒做”、“不劳而获”、“不思进取”等堕落思想，从而引发一些影响社会稳定的违法乱纪事件。弘扬雷锋精神，就是要在经济快速发展的这个特殊历史阶段，大力提倡尊重劳动、尊重生命、尊重文明的风尚，营造出人与人和平相处、互相谦让的环境。弘扬雷锋精神，就是要彻底根除腐化思想，提升思想境界，增强明辨是非的能力，在全社会营造出人人争当社会主义精神文明建设排头兵的良好氛围。

1. 雷锋精神体现出了发扬我国优良传统的优秀品质和奋不顾身的革命斗志。我们党一贯主张继承和发扬中华民族优秀传统文化，使之与当代社会相适应，同时又大力倡导在革命战争年代形成的伟大的革命精神，使之与现代文明相协调。在党的领导下，雷锋出色地传承中华民族传统美德，凝结成严于律己、宽以待人，勤劳简朴、戒骄戒躁，尊老爱幼、助人为乐的优秀品质；发扬董存瑞、黄继光、张思德等革命先烈大无畏的英雄气概，锻造了为国家、民族和人民的利益百折不挠、视死如归、奋勇前进的革命斗志。这种优良品质与革命斗志，正是雷锋精神激发人们于平凡之中见伟大、细微之处见精神，在和平年代争当模范先进的力量所在。

2. 雷锋精神体现出勇于探索真理的价值取向和坚定信仰的思想觉悟。我们党作为马克思主义政党，善于并长期坚持用发展着的马克思主义武装全党、教育人民。雷锋精神就是我们党高度重视理论武装，推动全体人民努力掌握科学理论，朝着自由而全面发展方向迈进的结晶。在党的领导下，雷锋长期认真钻研毛泽东思想，阅读报纸和政治书籍，按时参加部队各种会议和学习，努力掌握马克思主义的根本立场、观点和方法。雷锋精神，充分展示了社会主义一代新人以马克思主义为指导，长期孜孜以求社会主义建设规律和人类社会发展规律的高度自觉。

3. 雷锋精神体现出心系人类未来的远大理想和脚踏实地的务实态度。无论是社会主义革命时期，还是改革开放的新时期，我们党都始终把实现共产主义作为自己的崇高理想和最终目标，强调所有共产党员都要为之奋斗终生。雷锋精神是社会主义制度的产物，雷锋身上所具有的共产主义远大理想和建设社会主义的巨大热情，是党长期理想信念教育的必然结果，是社会主义伟大事业的热切召唤。捍卫理想，艰苦创业，勤俭奋斗，做“一颗永不生锈的螺丝钉”，已经成为新时代“风流人物”的共同特质。

4. 雷锋精神体现出一心一意跟党走的执著追求和全心全意为人民服务的忘我境界。党的人民群众利益高于一切的宗旨、关心爱护每一名同志的作风，表扬先进、鞭策落后的做法，以及全社会的热情呼唤和人民群众的积极鼓励，是雷锋精神形成的重要条件。翻看雷锋成长记录我们不难发现，尽管雷锋从心底里想做无名英雄，但他思想上的每一个进步，行动上的每一处闪光，党和人民都看在眼里，并给予了热情的鼓励和积极的赞扬。这激励他更加满腔热情地实践党的宗旨，热血沸腾地为人民服务。雷锋精神的这种为了党和人民的事业鞠躬尽瘁、死而后已的境界，是党和人民悉心哺育社会主义一代新人的丰硕果实。

全心全意为人民服务不仅是我党的宗旨，也是社会大众忠诚于党、热爱祖国的现实表现。革命时期，很多革命先烈为夺取革命的全面胜利，使人民群众能够过上安稳、幸福的生活付出了鲜血和生命。和平时期，诸多像“雷锋式”的好人，牺牲自己的利益来维护他人的利益，让很多急需帮助的人获取帮助、渡过难关。“人是需要有一定精神的”，一个社会、一个民族亦如此。当前，社会各种矛盾凸显，很多人过分地追求物质享受，将中华民族的传统美德、优良传统抛诸脑后，出现了很多让人惊叹、震惊的行为，让人民群众感到困惑、不解。从本质上讲，帮助他人就是帮助自己。只要人人都去帮助他人，那么自己遇到困难时，也就能得到别人的帮助。只有我们心存服务社会、服务人民的抱负、胸怀，在实践中去践行，社会风气才会有所改善，共有的精神大厦才能建立和长存。

（二）雷锋精神是推进人民道德建设的力量源泉

当前，我们正面临着加强公民道德建设的重大任务，这是我国社会生活中的一件大事，也是全面建设小康社会的内在要求。雷锋精神无疑是推进人民道德建设的重要力量之源。雷锋这个光辉的名字及其承载的无数动人故事和高尚精神品格，历经几十年风雨沧桑，始终焕发着绚丽的光彩，为人们所称颂。半个世纪以来，全国各地兴起了持久不衰、新意迭创的“学雷锋”活动热潮，雷锋精神具有如此巨大的感染力、号召力、影响力和生命力，是因为它以平凡而伟大的人文光辉彰显出我们社会最可宝贵的道德力量，生动展示了人们对美德的追求和向往。这种追求与向往，不因风雨砥砺而失色，不因时代变迁而蒙尘，描绘出一幅人与人之间、人与社会之间关怀友爱的美好图景。雷锋是在火热的社会主义建设中涌现出来的先进人物，是中国共产党人的优秀代表。他自觉地“把有限的生命投入到无限的为人民服务之中去”，把生命的每一分光和热都毫无保留地奉献给了人民；他毅然地把个人的前途完全融入到党和人民的事业之中，“甘当革命的螺丝钉”；他把帮助他人当做人生最大的快乐和幸福，对待同志总是“像春天般的温暖”。雷锋以言行一致的毕生实践圆满地回答了“怎样做人、为谁活着”这一根本问题，从而成为一个高尚的人、一个有理想有道德的人、一个永远活在人民心中的人。他短暂一生中表现出的全心全意为人民服务的崇高志向、鞠躬尽瘁的敬业精神、助人为乐的道德情操，以及共产党员、革命军人的优秀品质，给我们留下了一份弥足珍贵的巨大精神财富。

改革开放以来，在建设有中国特色社会主义理论的正确指导下，我国社会主义现代化建设取得了举世瞩目的巨大成就。与此同时，经济日益全球化、政治生态逐步民主化、社会利益诉求日渐多元化以及各种社会观念和思潮不断涌起，正在逐步改变着人们的日常生活方式、思维方式和行为方式。

新形势下，过去计划时代单一指令性经济培育出来的道德准则，是否适用市场经济条件下弱肉强食的经济法则？原先意识形态式的宣传，在如今波涛涌起的极端个人主义、利己主义、享乐主义等西方资产阶级腐朽观念和思潮面前，是否依然具有绝对的天然优势？雷锋精神作为一个特定历史时期的精神符号在新时期能否依然发挥着作用，起到巨大的号召力和感召力？这些都是新时代的现实拷问。面对现实的拷问和质疑，我们的回答是坚定而又肯定的。雷锋精神作为道德的楷模和榜样，在新时期、新世纪必将发挥它巨大的道德力量，散发出耀眼的人性光辉。这不仅仅是新时期的新要求，同时也是雷锋精神在新时期的新定位。

雷锋精神是市场经济条件下道德伦理的回归。市场经济作为一种更有效的资源配置方式，同时也是产权明晰的多元经济，拥有平等性、竞争性、法制性、开放性等诸多天然特性，这在某种程度上对我国原有的意识形态和道德伦理形成了一定的挑战。但我们也应该看到在物质文明取得飞速发展的同时，它对精神文明的内在需求也是必然的。雷锋精神的内涵之一——奉献精神，也正是市场经济这个时代我们所应大力提倡的。

道德建设要坚持以为人民服务为核心，以集体主义为原则，以爱祖国、爱人民、爱劳动、爱科学、爱社会主义为基本要求，雷锋就是一个典范。50年后的今天，我们再度谈起雷锋，谈及学习雷锋精神，就是要像雷锋那样，通过一件件平凡的小事，坚持不懈地为人民群众办实事，做好事；就是要像雷锋那样爱岗敬业，干一行、爱一行、钻一行，用“甘当革命的螺丝钉”的精神，在平凡的岗位上为国家和人民创造出不平凡的业绩；就要像雷锋那样尊重人、关心人、帮助人，自觉做中华民族传统道德规范的实践者，新型人际关系的倡导者。

道德的力量在于行动，有千千万万个“雷锋”的共同行动，必定会让雷锋精神焕发出更加夺目的时代光彩，凝聚起促进社会和谐的强大力量。

（三）雷锋精神是建设社会主义核心价值体系的重要推力

践行社会主义核心价值体系，牢固树立全心全意为人民服务的思想，强化无私奉献精神，发扬中华美德和优良传统，构建和谐社会，是“雷锋精神”的题中之意。在拜金主义、个人主义、享乐主义的社会大环境下，人们的价值观念发生扭曲，审美观念出现偏差，急需纠正、强化。雷锋是中华民族的道德标杆和精神旗帜。深入开展学习雷锋精神，具有广泛的群众基础和社会示范引领效应，对推进社会主义核心价值体系建设将发挥积极而重要的作用。

1. 对坚定人们的理想信念具有重要支撑作用

雷锋虽然只是年轻士兵中的普通一员，内心世界却极为丰富，时刻装着全心全意为人民服务的宗旨，装着共产党人矢志不渝的价值追求，并表里如一、言行一致。在当前国内外各种社会思潮交流交融交锋日趋激烈的新形势下，巩固马克思主义在意识形态的指导地位，坚定广大社会成员建设中国特色社会主义事业的理想信念，是社会主义核心价值体系建设的一项根本任务。深化学习雷锋精神，不仅可以帮助大家找到世界观、人生观、价值观方面的差距，而且可以看到理想信念的无穷力量。

2. 对人们的爱国主义情感的培养具有重要催化作用

中华民族自古以来就有爱国主义的优良传统，“位卑未敢忘忧国”。这种传统美德在雷锋身上得到了充分的体现和全新的升华。他把个人的前途命运与国家、民族的前途命运紧紧联系在一起，处处以国家、民族和集体的利益为重，表现出主人翁的博大胸怀。在新的历史时期，深入开展学雷锋活动，对于增强民族自尊、自信和自强精神，对于实现中华民族伟大复兴必将发挥无形的催化作用。

3. 对人们的创新意识的增强具有重要激励作用

创新是一个民族进步的灵魂，是一个国家兴旺发达的不竭动力。当前，我国正处于全面建设小康社会的关键时期和深化改革开放、加快转变经济发展方式的攻坚时期，尤其需要教育引导广大干部群众像雷锋那样，锐意进取，自强不息，坚持用马克思主义理论和现代科学文化知识武装自己、提高自己、完善自己，主动应对国际国内新挑战，切实解决改革发展新矛盾。

4. 对提升人们的道德境界具有重要推动作用

今天一些社会成员的道德水准严重滑坡，拜金主义、享乐主义、利己主义等思想不断滋生蔓延。深入开展学雷锋活动，大力弘扬雷锋公而忘私、助人为乐的宝贵品质，让雷锋道德光芒重新照亮个别社会成员逐渐暗淡的心灵，已成为当前推动公民思想道德建设的一项紧迫任务。

深入开展学雷锋活动，扎实推进社会主义核心价值体系建设，是一项立足当前、事关长远的系统工程。这就需要准确把握时代脉搏，遵循思想道德建设规律，增强学习建设活动的实践性、群众性、长期性和有效性。

第一，要增强实践性。学习雷锋和社会主义核心价值体系建设活动，不是一个高深的理论问题，而是一个人人参与并能有所作为的实践课题。雷锋精神之所以具有强大的感召力，在于雷锋的崇高思想境界和全心全意为人民服务的踏实足迹。这就昭示我们，必须把实践作为第一位的要求，贯穿到学习建设活动的各个方面、各个环节，真正做到“内化于心、外化于行”。

第二，要增强群众性。“一个人先进单枪匹马，众人先进才能移山填海”，雷锋同志的这一句至理名言正是我们深入开展学雷锋活动、推进社会主义核心价值体系建设需要把握的要义。“一枝独秀景色平，万紫千红才是春”。学习建设活动不是某个组织、某个行业、某个社会成员的单独行为，而是一项广泛的社会参与活动。这就需要按照“高起点、低落点”的工作思路，深入开展形式多样、寓教于乐的主题宣传实践活动，使广大干部群众由衷地感到雷锋并不遥远，原来就在身边；社会主义核心价值体系并不高深，完全可以做到。从而把组织倡导的活动变为亿万群众自觉参与、躬身践行的行动。

第三，要增强长期性。建立一套社会认可、群众接受、操作性强的常态化推进机制。要充分发挥工会、共青团、妇联等组织的作用，广泛开展行业学习实践活动；充分发挥大、中、小学主阵地作用，把雷锋精神和社会主义核心价值体系作为德育课程的重要内容；充分发挥新闻媒体的作用，大力宣传各行各业开展学习建设活动的先进典型；充分发挥志愿者协会等民间组织的作用，把学习建设活动同普通群众的日常善举结合起来，在全社会营造学习雷锋精神、践行社会主义核心价值体系的浓厚氛围。

第四，要增强有效性。重实际、讲实效，已成为普遍的社会心理。实践证明，任何活动无论搞得怎样热闹，如果没实效、群众不受益，都不可能长久。要增强学雷锋活动和社会主义核心价值体系建设的有效性，就必须坚决反对一切形式主义的做法，有针对性地组织策划好活动的内容和形式，以达到“社会乐参与、群众得实惠、全民强素质”的目的。

（四）雷锋精神是党和国家事业发展的强大动力

近半个世纪以来，雷锋精神有力促进了全社会良好道德风尚的形成，推动了社会主义建设和改革事业的发展。站在新的历史起点上，深入开展学雷锋活动，大力弘扬雷锋精神，必将不断推进中国特色社会主义伟大事业的进程。

1. 大力弘扬雷锋精神，是推进科学发展的需要

建国初期，各项建设处于起步阶段，人民群众生活条件十分艰苦。在这种情况下，雷锋精神应运而生，成为当时引领社会风尚的主流思想。新形势下，受西方享乐主义、拜金主义的影响，很多人产生了贪图享乐、过分注重物质享受，而放松对思想的改造和提升，使个人主义现象盛行，社会极度缺乏温暖和爱心。学习党的创新理论，是当前全社会共同的主题。推动社会科学发展，必须要有一种高尚的、道德的、文明的精神来支撑、改变人

们的常规思维方式、价值取向和精神追求。因此，只有坚持用党的创新理论武装头脑，大力弘扬雷锋精神，大力培育践行社会主义核心的价值体系，才能够有效解决当前社会存在的思想恶疾，才能使全社会树立起良好的道德风尚，营造出文明、和谐的社会环境。

科学发展、社会和谐，是发展中国特色社会主义的基本要求。当前，国际国内形势继续发生深刻变化，我国改革发展进入关键阶段。一方面，我国经济继续保持平稳较快发展，各项事业不断推进，中国特色社会主义生机勃勃；另一方面，社会利益关系更加复杂，各种社会矛盾明显增多，发展不平衡、不协调、不可持续的问题依然突出。在这种情况下推动科学发展、促进社会和谐，要求在全社会大力弘扬雷锋精神的热潮，充分调动广大人民群众的积极性、主动性、创造性，最大限度地凝聚各方面的智慧和力量，形成开拓创新、攻坚克难的强大合力。

2. 大力弘扬雷锋精神，是保持和发展党的先进性的需要

先进性是马克思主义政党的根本特征，也是马克思主义政党的生命力所在。我们党在90多年的奋斗历程中，正是由于始终

保持和不断发展先进性，才赢得了广大人民群众的拥护和支持，从而不断发展壮大，成为中国革命、建设和改革事业的坚强领导核心。党的先进性不是一劳永逸、一成不变的，保持和发展党的先进性是一个永恒课题。近年来，中央提出深入开展创先争优活动、建设马克思主义学习型政党，一个重要目的就是进一步弘扬党的优良传统，更好地保持和发展党的先进性。在新形势下大力弘扬雷锋精神，有利于激励各级党组织和广大党员学先进、赶先进、争先进，以实际行动保持和发展党的先进性，以良好形象赢得人民群众的信任和拥护，从而使我们党始终走在时代前列，始终成为中国特色社会主义事业的坚强领导核心。

3. 大力弘扬雷锋精神，是确立现代社会正确价值导向的需要

一个社会的和谐稳定，需要有一个正确的价值导向作指针。雷锋所做的虽然都是一件件普通的小事，但正是在这些小事中蕴涵或揭示的是何为价值和如何实现价值，人为什么活着和怎样活着的重大命题。

雷锋精神启发我们思考人生的意义在哪里？怎样才能获得真正的幸福？幸福并不存在于一种模式，关键看哪一种能够带来恒

久而又更高的精神享受。古希腊哲学家德谟克里特曾提出，人生的目的是追求快乐和幸福，所谓快乐和幸福不仅表现于肉体或感官，更主要的是反映于精神，因为肉体的快乐只是粗糙的原子运动，是暂时的，许多情况下还会带来痛苦，只有精神上那些精致的灵魂原子运动，才能带来宁静、愉快和持久的快乐。金钱可以带来满足感，但不一定会带来幸福感。当全社会的人所做出的努力都完全着眼自己，或都把满足自己的需要作为第一选择，就不可能造就一个美好的社会，因而也不可能真正获得幸福。再伟大的政党、再强有力的政府都不可能满足人无度的欲望，要建设和谐社会，必须引导大众，保证实现精神与物质的平衡，追求个人权益与社会担当的平衡。一句话，人不可能总是生活在物质世界，要获得真正的幸福，必须不断提升自己的精神境界。

（五）雷锋精神体现了中国传统文化“仁”的观念，是向上与向善的精神地标

雷锋精神，是一种时代精神。现在半个世纪过去了。社会、时代已经很不一样了，发生了翻天覆地的变化。但是呼唤雷锋的

声音却更强了。这正像老子所说："大道废，有仁义"。

这也是传统思想"仁"的观念。"仁"就是人与人的互相善待。可以说，珍重人在生存环境中的各种关系，崇尚和谐是人共有的普遍倾向。人在互相善待中享有满足和幸福，各种融洽关系给人带来愉悦，是一种不可否认的共性。相反，一个人心里如果除了自己没有别人，就会匮乏精神的满足感。

雷锋精神在半个世纪具有的感召力和影响力，说明雷锋精神是具有普遍人性意义的文化。不管历史正在呈现给人们什么，不管社会处于什么现实状态，人性都有一种普遍的追求，那就是雷锋这样的精神。

二、雷锋精神的时代特征和丰富内涵

人总是要有一点精神的。雷锋作为我们学习的好榜样，其崇高的精神力量始终引领着我们去建设美好社会，创造美好生活。50 年来，学雷锋活动已经成为促进社会主义精神文明建设和形成良好道德风尚的重要载体。无论时代如何变迁，无论物质生活如何富足殷实，人们对于崇高精神境界的向往和追求不会改变。随着时代的发展，雷锋精神不断地被赋予新的内涵，这是学雷锋活动常学常新的生命源泉。学习雷锋要有一定的方式，但更重要的是要抓住雷锋精神中全心全意为人民服务和无私奉献的实质，从时代发展的要求出发，适应时代的新变化，拓展和深化雷锋精神的时代内涵。

（一）雷锋精神的主要特征

1. 无产阶级的先进性

先进性是马克思主义政党的本质属性和鲜明特征，是马克思主义政党的生命力所在。雷锋是在我们党的培养下成长起来的，雷锋精神是在毛泽东思想哺育和共产主义思想教育中产生出来的。雷锋出身很苦，童年时期亲人就因贫困和疾病折磨相继死去，只剩下他一个人，参加革命后是一名工人和战士。阶级地位的深刻变化，新旧社会的鲜明对比，使他憎恨旧社会和阶级敌人，热爱新中国和共产党。他积极投身到社会主义革命和建设的洪流中去，用革命理论武装自己，以革命先烈的献身精神激励自己，在艰苦的环境中磨练自己，逐步树立起共产主义世界观和人生观，使自己成为“坚决听党的话，一辈子跟党走”的无产阶级先进分子，成为“为人类解放事业奋斗终身”的共产主义战士。

雷锋作为一名共产党员，始终坚持共产主义远大理想，时刻牢记全心全意为人民服务的根本宗旨，怀着对党、对人民、对祖国的无比热爱，刻苦学习，忘我工作，服务人民，报效祖国，出色地完成组织交给的各项任务，完美地践行着党的先进性。雷锋精神彰显了我们党的先进本色，内涵十分丰富、意蕴十分深刻。

2. 鲜明的时代性

雷锋就是在社会主义时代产生并具有这个时代特点的典型人物，雷锋精神就是孕育于社会主义时代并镌刻这个时代印记的思想观念。

在社会主义时代，以公有制为基础的社会主义制度的确立，要求人们有集体主义思想，一心为公，无私奉献；要求人们以主人翁的态度对待工作，用助人为乐、团结协作的道德风尚处理人际之间的关系；要求人们埋头苦干，诚实工作，刻苦钻研，奋发进取，建功立业。这些崭新的思想道德，构成了社会主义时代精神的主体。雷锋精神正是在这个时代应运而生，并且体现了这个时代人们的精神追求。

在深入改革开放，发展社会主义市场经济的新时期，我们虽然与雷锋生活的年代有很大的明显不同，但社会主义时代本质特征并没有改变。在现代化建设的进程中，雷锋精神既是社会主义市场经济健康发展的强大动力，又是保证改革开放顺利进行的有力武器。

我们应该看到，现实生活中有些人用不正确的人生观和价值观理解时代精神，曲解雷锋精神，认为人生的价值就是“自我价值”的实现。在以“我”为中心的观念驱使下，这些人信仰危机、心理失衡、意志衰退、道德缺损、人际关系冷漠、价值观念扭曲。怎样正确理解人生价值，雷锋讲得很深刻。他说，要使自己活着，就是使别人过得更美好，我能帮助人民克服一点困难，是最幸福的，我活着只有一个目的，就是做一个对人民有用的人，人的价值根本在于劳动，在于创造，在于为社会多做贡献。他的价值观就是为人民服务最幸福，为社会贡献最值得，为革命当“傻子”最光荣。他的价值标准就是有益于党，有益于人民，有益于国家。当然，这个标准并不排除个人价值，共产党人不是“苦行僧”，党尊重个人价值，并为个人价值的实现创造良好的条件。但是，一个人有没有价值、价值大小，自身是无法衡量的。只有把个人追求融入到人类的进步事业中去，把个人的需要同国家、集体联系起来，同对社会的责任和贡献联系起来，在服务于人民，服务于社会中，才能找到个人价值的准确位置，达到自我价值的实现。这就是具有鲜明时代性的雷锋精神为我们揭示出的人生价值的真谛。

3. 深厚的民族性

中华民族有几千年的文明史，在改造自然和社会的斗争中，逐步形成了有自己特色的灿烂文化、优良的传统习惯和高尚的道德情操，从而铸造了伟大的民族精神，为人类的文明和发展作出了杰出的贡献。古往今来，可歌可泣的民族精神贯穿于华夏历史。像“天下为公”的大同理想，“国家兴亡、匹夫有责”的爱国主义精神，“克己为人”的道德情操，“四海之内皆兄弟”的平等互助观念，“扶危济贫”的助人为乐风尚，“自强不息”的坚定意志，“威武不屈”的浩然正气以及吃苦耐劳、勤俭节约的高尚品德等，都体现了中华民族的精神。那些在历史上曾为传播和发扬民族精神作出过贡献的英雄豪杰，都被传为千古佳话，为后人所崇敬。

雷锋的成长受到了中华民族优秀传统文化的熏陶和影响。从雷锋自己活着，就是为了使别人过得更美好的人生价值观，到他对同志要像春天般的温暖的友爱精神，从他忠于职守，干一行爱一行、干一行钻一行的“钉子”精神，到先人后己、公而忘私的高尚风格，无不放射出中华民族优良传统美德的光彩。从某种意义上说，雷锋精神是中华民族传统美德和共产主义光辉思想的完美统一，是历史的民族精神和现实的时代精神的有机结合。

4. 广泛的群众性

早在20世纪60年代初，雷锋的先进思想和动人事迹就在抚顺人民中广为传颂。雷锋同志牺牲后，有近十万群众自发地走上街头为雷锋送殡，可见人民同雷锋的感情之深。雷锋之所以会在社会中有这样广泛而深厚的群众基础，是因为雷锋具有全心全意为人民服务的思想，这是雷锋精神的核心。他热爱党，热爱人民；他干一行爱一行，努力为人民工作；他助人为乐，走到哪里就把好事做到哪里；他勤俭节约，艰苦朴素，始终保持劳动人民本色。这些高尚的品德集中到一点，就是“把自己有限的生命投入到无限的为人民服务之中去”。雷锋同志的这些思想、品德和行为是人民所期望的，必然为人民称赞、鼓励和效仿。人民培育了雷锋精神，雷锋精神鼓舞了人民，这就是雷锋精神的群众性。

5. 强烈的实践性

雷锋精神，是以雷锋为代表的众多先进人物在党的领导下，为社会主义、共产主义事业而奋斗的伟大实践的产物。离开实践，就不可能有世人传颂的雷锋精神，它的先进性、时代性、民族性和群众性就无法体现。这种实践性主要体现在以下三个方面。

其一，理想与现实的统一。雷锋是一个热情的理想主义者，具有崇高的理想和坚定的信念，决心“把毕生精力和整个生命为人类的解放事业——共产主义全部献出”；同时，雷锋又是一个清醒的现实主义者，知道理想的实现要靠一代又一代人不懈地努力，“用自己的努力使它变得更美好”。雷锋不是空想家、空谈家、没有沉湎于幻想之中，而是立足于本职工作，扎根于现实的土壤中。他把对远大理想的执着追求，转化为一次次具体的实际行动。通过实践，雷锋把理想和现实有机地结合起来。

其二，理论与实际的统一。雷锋的一生之所以能做到言行一致，就是因为他保持和发扬了我们党的优良传统和作风，坚持理论联系实际的原则。雷锋孜孜不倦地学习马列主义、毛泽东思想，把革命理论比作“粮食、武器、方向盘”，刻苦钻研。雷锋学习理论，不是为了装点门面，而是为了改造世界观，指导自己的工作、学习和生活。革命理论使他明白了做人的道理，了解了人生的价值。正如他自己所说：“我觉得人生在世，只有勤劳，奋发图强，用自己的双手创造财富，为人类的解放事业——共产主义贡献自己的一切，这才是最幸福的。”

其三，平凡与伟大的统一。雷锋的事迹的确是平凡的。他没有董存瑞炸碉堡的壮举，也没有黄继光堵枪眼的伟绩，有的只是那些平凡的“小事”。雷锋做的事，只要我们大家去做都是可以做到的。但是雷锋又是伟大的。他的伟大之处就在于时时处处替他人着想，在别人看来是微不足道的小事，他却能持之以恒，高高兴兴地去做，这一点是常人难以做到的。正如毛泽东同志所说：一个人做点好事并不难，难的是一辈子做好事。正是平凡的事迹显示出伟大的精神，伟大出自平凡，平凡孕育伟大。雷锋同志的一生就是平凡而伟大的一生。

（二）雷锋精神的时代内涵

雷锋精神是博大的，不同的人有不同的解读，正如每个人眼中都有一个不同的“红楼梦”。雷锋精神是一个内涵丰富的体系，有一种与时俱进的品质。雷锋事迹承载着社会主流道德的价值取向，是社会主义社会培育的先进典型。雷锋精神最具有时代意义、最具有永恒价值、最值得我们学习的主要是八种精神。这八种精神是永不过时的精神坐标。

1. 爱党爱国爱人民的忠诚精神

雷锋自觉把个人的前途命运与国家、民族，与社会主义的前途命运紧紧联系在一起，处处以国家、民族和集体利益为重。他忠于党、热爱社会主义的坚定信念，并非只停留在口头上、日记里，而是体现在坚决听党的话，照党的指示办事，为党的事业努力奋斗的具体行动上。党号召大办农业，雷锋就主动申请从县委机关下到农业生产第一线，当一名新式农民；党需要加强工业建设，他就离开可爱的家乡，从南方来到北方当一名好工人；党号召青年应征服役，他又经过多次恳求，参军到部队。党要他干啥他就干啥，干啥就一定要干好啥。有人说雷锋是个“傻子”，在雷锋看来，当这样的“傻子”是光荣的。他说：“我要做一个有利于人民、有利于国家的人。如果说这是‘傻子’，那我是甘心情愿这样做的，革命需要这样的‘傻子’，建设也需要这样的‘傻子’。”雷锋的这种“傻子”精神，充分体现了一位伟大共产主义战士的博大胸怀和为人民服务的执著追求。这是雷锋精神最核心的内容之一，也是雷锋精神最值得学习的灵魂所在。

2. 克己奉公、一心为民的奉献精神

全心全意为人民服务贯穿于雷锋的一生，表现于雷锋的一言一行。他说：“我学习了《毛泽东选集》以后，感受最深的是懂得了怎样做人，为谁活着。我觉得自己活着，就是为了使别人过得更美好。”在他牺牲的前几天，他解答的仍是这个人生课题：“我们吃饭是为了活着，可活着不是为了吃饭。我活着是为了全心全意为人民服务，是为人类的解放事业——共产主义而斗争。”

这就是雷锋的世界观、人生观、价值观。他对自己提出了两个基本要求："在工作上，要向积极性最高的同志看齐；在生活上，要向水平最低的同志看齐。"这两个要求体现的就是"吃苦在前，享受在后"的"奉献"精神。正是这种"奉献"精神铸就了雷锋，这种精神也是当今人们学习雷锋精神的重点。

3. 勤奋学习、刻苦钻研的"钉子"精神

众所周知，雷锋的文化水平并不高，只有小学文化程度。为了提高自己的文化水平，他找到了一个秘诀——学习。无论是当农民、公务员，还是当工人、战士，他都坚持不断地学习。他不仅向书本学习，还注意向实践学习；不仅学习一般知识，而且注重学习革命理论。

在学习上，他不仅有明确的目的，而且还非常善于学习。他制订自学计划，进行有规律地学习，把学习的书本放在挎包里，随时随地不忘看书，深夜他到工棚、车场、厨房、司务长的宿舍去读书，并且一读就是大半夜。雷锋有时还把灯拉到自己的枕头边，用报纸遮盖起来看书。当雷锋听到有的同志说工作忙，实在没有时间学习时，他便根据自己的学习体会，在日记中写下了这样一段话："有些人说工作忙、没有时间学习。我认为问题不在工作忙，而在于你愿不愿意学习，会不会挤时间。要学习的时间是有的，问题是我们善不善于挤，愿不愿意钻。一块好好的木板，上面一个眼也没有，但钉子为什么能钉进去呢？这就是靠压力硬挤进去的，硬钻进去的。由此看来，钉子有两个好处：一个是挤劲，一个是钻劲，我们在学习上，也要提倡这种'钉子'精神，善于挤和善于钻。"这就是人们广为称道的"钉子"精神。

当今的世界，谁不勤奋学习、刻苦学习，谁就会落伍，谁就跟不上时代前进的步伐。只有像雷锋一样在学习上永不满足，永不懈怠，大力发扬"钉子"精神，以这样一种钻劲和挤劲，抓紧学习，追求新知，才能不断地充实自己、提高自己、完善自己，更好地适应改革开放和社会主义现代化建设的需要。

4. 忠于职守、爱岗敬业的"螺丝钉"精神

不怕苦、不怕累，干一行爱一行、专一行精一行，这些是雷锋对工作的基本态度，也是雷锋敬业精神的具体体现。雷锋说："一个人的作用，对于革命事业来说，就如一架机器上的一颗螺丝钉。螺丝钉虽小，其作用是不可估量的。我愿永远做一颗螺丝

钉。”甘当一颗螺丝钉是雷锋的一种执著追求。党把他放在哪里，他就在哪里闪闪发光。雷锋的这种“螺丝钉”精神对于促进人们爱岗敬业、尽职尽责，具有重要的启示和借鉴作用。

5. 艰苦奋斗、勤俭节约的“百宝箱”精神

艰苦奋斗、勤俭节约，是雷锋精神极具特色的内容，它秉承了中华民族艰苦奋斗、发愤图强的民族精神，发扬了艰苦创业、勤俭建国的革命传统。雷锋在工作上处处为国家着想，事事精打细算。他有一个“百宝箱”，里面收集了他捡拾到的各式各样的物件，这些东西随时随地可以派上用场。这种勤俭节约、艰苦奋斗的优良作风在今天更是可贵。学习雷锋的“百宝箱”精神，就是要反对那种大手大脚、铺张浪费、讲排场、摆阔气的不良风气，尤其是那种慷国家之慨、挥霍奢侈的腐败作风。

6. 英勇无畏、奋不顾身的牺牲精神

雷锋从入伍的那一天起，就下定决心以董存瑞、黄继光为榜样，随时准备用自己的生命来保卫祖国。他把“生为人民生，死为人民死”作为自己的人生信条，“时刻准备着为党和阶级的最高利益，牺牲个人的一切，直至生命”。20 世纪 60 年代初，当

我国东南沿海形势紧张的时候，他向党组织表示，革命需要我堵枪眼，我就去做黄继光；革命需要我烧木炭，我就去做张思德。当辽阳发生百年不遇的大水灾的时候，他寄去了仅有的一百元钱以表达他的赤子之心；他还带病在抗洪抢险第一线奋战了七天七夜，直至战胜洪水。雷锋的这种英勇无畏奋不顾身的“牺牲”精神是一笔巨大的财富，值得和平时期的所有人学习。

7. 言行一致、表里如一的诚实精神

他说：“人的生命是有限的，可是，为人民服务是无限的，我要把有限的生命，投入到无限的为人民服务之中去。”他是这样说的，更是这样做的，大量的点滴小事和平凡之事体现和证明了他的伟大与崇高。他坚持理想与现实相一致，既决心为共产主义奋斗终身，又把实现崇高的理想落实到本职岗位上，干一行爱一行、专一行精一行。他注意理论联系实际，对自己在政治上要求严格，自觉经受思想锻炼，逐步成长为一名具有高度共产主义觉悟和道德修养的战士。在社会主义市场经济条件下，诚信已经成为市场经济健康发展必不可少的因素，学习雷锋的“诚实”精神，对于建设诚信社会，发展信用经济，具有重要的促进作用。

8. 与人为善、助人为乐的互助精神

先人后己、与人为善、助人为乐，这是雷锋做人的基本方式，也是雷锋精神高尚道德行为的具体体现。雷锋助人为乐的故事数不胜数，例如，他把平时积存的二百元钱无私奉献给抚顺市的人民公社和辽阳灾区人民；用自己的津贴费给丢了火车票的大嫂补票；利用闲暇时间义务担当校外辅导员等等。雷锋做好事不留名、助人济困不图利、舍己救人不求回报、互助合作不计报酬，对于当时全社会形成平等互助、团结和谐的新型人际关系和良好道德风尚起到了极好的示范和引导作用。发展社会主义市场经济，要求市场主体进行科学分工、公平竞争，竞争不但不能取代互助合作，反而更需要雷锋的这种“互助”精神，只有互助合作才能减少内耗，提高效率。

以上八种精神是雷锋人生哲学的集中体现，是雷锋精神的主要构成，也是当今时代最需要的精神食粮。

第二章　赤胆忠心　爱党爱国

宁愿失掉生命，不愿失去自由。

宁愿洒尽鲜血，决不投降敌人。

宁愿折断筋骨，不做人民的罪人。

——雷锋诗歌

忠诚，是真心诚意、尽心尽力之意。有了对党、对人民、对社会主义事业的无限忠诚，就会形成以拼搏奉献为特征的高尚道德精神，就会勇于克服困难，自觉为国分忧，爱岗敬业，奋发进取，乐于奉献。

雷锋时时处处都以党、人民和祖国的利益为重，把毫不利己专门利人看作是最大的幸福和快乐，把有限的生命投入到无限的为人民服务中去。因为忠诚于理想信念，雷锋始终保持着昂扬的精神状态和勇往直前的革命干劲，用生命践行了为共产主义事业而奉献一生的誓言。

有了忠诚，也就有了对事业的热爱，就会爱岗敬业，永远对事业有进取心。人们常说雷锋有“钉子”精神，就是对待工作总是干一行、爱一行、钻一行，立足本职，尽职尽责，努力以钉子的“挤”劲和“钻”劲，使自己成为工作的内行。一个人心中有对事业的忠诚，就能始终保持高昂的工作热情和一丝不苟的工作态度，才能为了事业忘我奉献并且乐在其中。

有了忠诚，也就有了对人民的真情。人民推崇一种精神，一定是因为它能够造福于人民，给人民带来看得见的利益。忠诚于人民，就一定会有无私奉献、助人为乐的价值取向。忠诚于人民，才会始终为人民服务，乐于助人、扶贫济困、见义勇为、善待他人、奉献社会。我们新时期涌现出来的许多道德模范、典型人物其实都是如此，支撑他们见义勇为、帮助他人、永葆善良正直的，其实都是对人民的忠诚之心和热爱之情。也唯有如此，才能真正不拒小事，时刻表达“为善之心”。

有了忠诚，也就会坚持不懈、持之以恒。真正从平凡和细小的事情做起，并且一以贯之、持之以恒。毛泽东同志在总结雷锋精神时说，一个人做一件好事并不难，难的是一辈子做好事。学习雷锋，忠诚之心最为重要。

一、雷锋精神是对共产党领导的坚持

新中国成立60多年来，在中国共产党的领导下，勤劳智慧的我国各族人民同心同德、艰苦奋斗，战胜各种艰难曲折和风险考验，取得了举世瞩目的伟大成就，谱写了自强不息的壮丽凯歌。纵观中华民族5000年的历史特别是近代以来的历史，回顾我们党成立以来和新中国成立以来的历程，我们可以深刻感受到：没有共产党就没有新中国，就没有中国特色的社会主义。办好中国的事情，关键在党。坚持中国特色社会主义道路，推进社会主义现代化，实现中华民族伟大复兴，必须毫不动摇地坚持中国共产党的领导。

1. 党的领导地位的确立是历史的选择、人民的选择中国共产党是中国工人阶级的先锋队，同时是中国人民和中华民族的先锋队。中华民族5000多年的历史特别是近代以来的历史充分证明，党的领导地位的确立是历史的选择、人民的选择。

我们党是广大人民根本利益的忠实代表。从公元前221年秦始皇建立统一的封建政权到1911年清朝灭亡，中国历经数十个王朝、几百个帝王，但没有一个王朝和帝王代表的是人民的利益；从辛亥革命到新中国成立之前，不管是北洋军阀还是国民政府，代表的也只是大地主、大资产阶级的利益。而我们党自诞生之日起，就把马克思主义写在自己的旗帜上，把为广大人民群众谋利益作为根本追求。事实证明：党来自人民群众，具有最广泛的代表性。

我们党的领导得到了人民群众的衷心拥护和支持。在我国历史上，虽然出现过一些开明君主和所谓盛世，在一定程度上缓解了人民群众的痛苦和社会矛盾的对抗性，但都没有从根本上改变广大人民群众受压迫、受剥削的地位，没有改变统治者与人民群众的关系。我们党由于始终代表最广大人民的根本利益，因而得到了人民群众的衷心拥护和支持。

2. 只有中国共产党才能引领中华民族实现伟大复兴

新中国的成立，彻底结束了旧中国任人宰割、备受欺凌的历史，开启了中华民族伟大复兴的新纪元。我国相继实现了从半殖民地半封建社会到民族独立、人民当家作主新社会的历史性转变，实现了从新民主主义革命到社会主义革命和建设的历史性转变，实现了从高度集中的计划经济体制到充满活力的社会主义市场经济体制的历史性转变，中华民族巍然屹立于世界民族之林。事实雄辩地证明，只有中国共产党才能引领当代中国实现国家富强、人民幸福，才能引领中华民族实现伟大复兴。

二、雷锋精神是对爱国主义精神的弘扬

爱国主义是雷锋精神的重要内容。伟大的中华民族之所以能饱含沧桑而不倒、历经磨难而不衰，其根本原因就在于它具有源远流长、历久弥新的民族精神。这种民族精神就是以爱国主义为核心的精神——爱国主义精神。

（一）爱国主义是中华民族从历史走向未来的强大精神力量

中华民族是一个历史悠久、文明深厚的伟大民族，爱国主义是中华民族几千年来血脉相承的民族精神。在中华民族五千年的历史长河中，我国各族人民团结奋斗、自强不息，不仅创造了灿烂的中华文明，而且形成了爱国主义的传统。这种爱国主义传统已经深深融入中华儿女的民族意识、民族性格和民族气概之中，成为对内动员和凝聚民族力量、对外树立民族形象的一面旗帜。

在几千年的中华文明史册中，曾涌现了无数爱国民族英雄，正是他们支撑起了中华民族的脊梁。历史表明，爱国主义深深植根于中华民族的血脉之中，植根于中国人民的伟大实践之中，具有激励中华儿女自强不息、一往无前的无穷力量。

新中国成立以来，特别是改革开放以来，中国人民的面貌、社会主义中国的面貌、中国共产党的面貌发生了历史性变化。与此同时，中国共产党领导人民在社会主义建设和改革实践中，用马克思主义科学理论的最新成果指导和引领爱国主义，创造和培育出与时代特征和社会发展要求相契合的雷锋精神、大庆精神、“两弹一星”精神等，使爱国主义精神得到前所未有的发扬光大。

（二）弘扬爱国主义精神，必须不断深化祖国情感

在国家利益受到威胁、民族尊严受到挑衅之时，任何一个中国人都不会无动于衷，都想表达自己的爱国热情。我们尤其难以忘怀的是当年在北京奥运会筹办的关键阶段，突然发生了震惊世界的四川汶川地震，给当地群众的生命财产和经济发展造成巨大损失。地震发生后，在党中央、国务院坚强领导下，全国各族人民万众一心、众志成城，展开了气壮山河的抗震救灾斗争，谱写了感天动地的英雄凯歌。

（三）弘扬爱国主义精神，必须继承发扬爱国传统

中华民族有着源远流长的爱国主义传统，在历史长河中，涌现出了许多可歌可泣的爱国英豪，从贾谊的“国而忘家，公而忘私”，到范仲淹的“先天下之忧而忧，后天下之乐而乐”；从顾

炎武的“天下兴亡，匹夫有责”，到林则徐的“苟利国家生死以，岂因祸福避趋之”；从孙中山振聋发聩的“振兴中华”，到邓小平的肺腑之言“我是中国人民的儿子，我深情地爱着我的祖国和人民”等等。这些都是每一个中国人成就伟大人格的根本所在，都是中华民族生生不息的不竭动力。我们中华儿女一定要铭记他们的誓言，继承他们的爱国旗帜，从干好本职工作做起，以实际行动为祖国添砖加瓦。

三、雷锋精神是爱国主义与社会主义的高度统一

爱国主义与社会主义相统一，是我国人民半个多世纪以来所走过的基本道路，也是改革开放以来中华民族取得一个又一个胜利的历史经验。

（一）社会主义把爱国主义提升到新的历史高度

坚持社会主义，既是爱国主义实现时代价值的内在要求，也

是它走向更高境界的必然选择。新中国成立以来，中国共产党人以宽广的世界眼光，把中华民族的爱国主义与理性、开放、包容的社会主义制度有机结合，既继承和发扬中华民族的优秀文化传统，不断增强民族文化的认同感和归属感，增强民族自尊心，自信心和自豪感，又反对狭隘的民族主义；既坚持对外开放，认真学习借鉴世界各民族的长处，积极引进先进的科学技术和经营管理经验，增强我们自力更生的能力，加快祖国的发展，又摒弃妄自菲薄的民族虚无主义；既肩负振兴中华的重任，又履行国际主义的义务，通过自己的发展来促进世界和平。

（二）爱国主义使社会主义具有了深厚的民族根基

爱国主义是动员和鼓舞中国人民团结奋斗的一面旗帜，是推动我国社会历史发展的巨大力量，是各族人民共同的精神支柱。弘扬爱国主义精神，既是社会主义的本质要求，也是其保持强大生命力的源泉。爱国主义精神所蕴含的那种国家和民族利益至上的崇高品格、那种敢于压倒一切困难的英雄气概、那种无所畏惧的昂扬气魄、那种百折不挠的自强信念、那种开拓创新的创造精神等等，犹如冲锋的号角在中华儿女的心头吹响，激起了整个民族同困难和风险抗争到底的坚强决心。正是靠着伟大的爱国主义精神，社会主义在中国才能够根深叶茂，社会主义中国才能够巍然屹立于世界东方。

（三）中华民族复兴事业实现了爱国主义与社会主义的高度统一

在当代中国，推进中华民族复兴伟业既要把社会主义作为矢志不渝的共同理想，又要把爱国主义作为发展的动力源泉，坚持爱国主义与社会主义的有机统一，这是民族复兴伟业的本质要求。在推进中华民族伟大复兴的历史进程中，爱国主义所要维护的民族独立，所要增进的民族团结，所要追求的民族富强，所要实现的人民幸福，都要靠社会主义提供根本的政治和制度保障。坚持中国特色社会主义，既是当代中国爱国主义实现时代价值的内在要求，也是社会主义中国走向繁荣昌盛的必然选择。新世纪新阶段我们党提出建设中国特色社会主义的战略任务，就是要把爱国主义与社会主义历史地统一起来，在二者良性互动中实现中华民族伟大复兴。

【雷锋这样做】

（一）向董存瑞和郅顺义看齐

雷锋入伍后，因为他典型的人生经历和优秀的演讲文艺才能，经常被首长安排到各地去做报告。有一次，他到解放军某部去演讲，上午活动搞完，下午他和仰慕很久的郅顺义老英雄见了面。老英雄对他非常和蔼，像父亲一般的慈祥。老英雄抚摸着他的头，紧紧地握着他的手，亲切地问他多大年纪，什么时候入伍的，一边说着话，一边倒给他一杯茶。

当时，雷锋听说老英雄是董存瑞的亲密战友，万分敬佩和羡慕地叫老英雄给他讲董存瑞的英雄事迹。老英雄对他说："董存瑞是六班的班长，我是七班的班长。在 1948 年 5 月 25 日打隆化县的时候，董存瑞在爆破组，我在突击组，我们的任务是要去炸掉敌人的四个碉堡和五个地堡。我们两个组牺牲了六个人，每组只剩下两个人了，董存瑞对我说；‘就是剩一个人也要坚持战斗，不完成任务不回队！’在炸最后一个碉堡的时候，董存瑞用手举着炸药包，炸掉了敌人的碉堡，完成了战斗任务，我敬爱的革命战友董存瑞就这样英勇地为党的事业而光荣地牺牲了。”

雷锋听到老英雄讲完董存瑞的英雄事迹后，他的心像大海的浪涛一样，久久不能平静，感动得满眼热泪。当天晚上，雷锋回自己所在的部队后，写下了这样一段日记：“董存瑞英雄对敌人万分的愤恨，对党和人民无限的忠诚，在战争当中，英勇顽强，丝毫不畏缩，为人民的解放牺牲自己。董存瑞英雄是我永远学习的好榜样，我一定要为党和阶级的崇高事业，随时准备牺牲自己的一切，直至生命。”

（二）拿起钢枪卫祖国

雷锋入伍后，因为他个人在部队里表现良好，无私奉献，关心战友和群众的生活，同时跟部队领导又经常地交流和学习，加上他经常到各地去做报告和演讲，成为了当时部队里各方面都很优秀的标杆。

有一天，他所在的连做完战斗训练，连长发给了他一支新枪。雷锋拿着这杆沉甸甸的新枪，真像得到了宝贝一样，乐得连话都说不出来。他看看那锋利而发亮的刺刀，摸摸那光滑的机柄，数着崭新的子弹，简直高兴得不知如何是好，生怕把枪弄脏了。看到枪机上落了一点点灰尘，他立即从衣兜里掏出自己心爱的手绢，把灰尘擦得一干二净。

这一天晚上，雷锋回到宿舍后又拿出自己的日记本，写下了自己凭借钢枪保卫国家和人民的铮铮誓言："人民给我这支枪，我一定要好好保管和爱护，向党和人民保证，决心勤学苦练，定要练出真正的硬本领，坚决保卫我们的社会主义建设，保卫我们伟大的祖国，随时准备给侵略者以致命的打击。"

（三）光荣入党

雷锋一直以来都怀着一颗向上的心。到部队不久，他内心里渐渐有了一个更美好的向往和更远大的追求："什么时候，自己也能成为一名光荣的中国共产党党员呢？"

有一天，他在和指导员谈心时，真诚地表达了自己的这个心愿：“指导员，你看我应当怎么做，才能达到一个共产党员的标准？”指导员送给他一本《党章》，告诉他说：“雷锋同志，你其实一直都在向着一个共产党员的标准靠近和努力啊！这样吧，你先拿着这本我送给你的书回去学习一下，然后在你平常的生活中，按照《党章》的要求和规定，再接再厉，继续努力。”

1960年入夏以来，辽阳地区连日暴雨。一场百年不遇的特大水灾袭击了辽阳，在抚顺市的上寺水库水势暴涨，下游的抚顺市区都面临着水患的危险。报纸上和电台里多次报道了党中央和国务院通过飞机给灾区人民空投物资救灾的新闻。

这时，雷锋所在的部队接到上级命令：“立即开赴上寺水库抢险救灾！”当时，雷锋正好患病在身，还躺在床上休息。连长考虑到实际情况，在安排任务时，就把雷锋留在连部里执勤，以便让他可以多休息养病。雷锋一听，急忙找到连长，恳求说：“连长，你是知道我的，眼下洪水正在泛滥，正在威胁着人民的生命财产，我能在连部里待得住吗？我请求跟着队伍一块去灾区救灾，为党出力，为毛主席排忧解难。”连长拗不过雷锋，只好同意他参加抢险，跟队伍一起参加抗洪战斗。

通过部队不眠不休的抗洪战斗，洪水终于消退了，他们顺利地保卫了人民群众的生命和财产安全。而此时的雷锋，却又住进了医院。因为他在这次抗洪抢险中的英勇表现，组织上认为他是一个在困难面前能够勇敢冲在危难前面的好同志，在许多地方都表现出了一个革命战士对党、对革命事业的赤胆忠心，1960 年 11 月 8 日，组织上批准雷锋加入中国共产党。这一年，雷锋刚好 20 岁，这是他一生中最为庄严、最为激动的日子。

第三章　坚定信仰　守望理想

过去当牛马，今天做主人。参加代表会，讨论大事情。

人民有权利，选举自己人。掌握刀把子，专政对敌人。

衷心拥护党，革命永继承。哪怕进刀山，永远不变心。

——雷锋诗歌

理想信念不是个体的人生目标或生活目标，而是集体或民族的精神大厦。理想信念的最基本特征是看不见而又难以实现，换句话说，其精神因子大量存在于社会，但整个精神大厦不会实现于当下。道理不难理解，普遍存在的便失去了想象的空间和追求的意义。

一、雷锋精神以共产主义理想信念为核心和灵魂

可以断言，一个国家、一个民族至单个的个体，一旦拥有雷锋那份对理想信念的坚守，一种巨大的力量便会产生出来。以中国共产党领导中国人民完成民族独立和民族解放为例，有数百万革命者为信仰献出宝贵的生命，他们像殉道者一样，前仆后继，靠的就是共产主义理想信念。

雷锋同志虽然只是一名普通共产党员，但他对共产主义的理想信念却坚如磐石。他在日记中写道："我就是长着一个心眼，一心向着党，向着社会主义，向着共产主义。革命需要我烧木炭，我就去做张思德；革命需要我去堵枪眼，我就去做黄继光。"今天读着这些话语，一个一心向党的可亲可敬的共产主义战士形象便会浮现在我们面前。

在改革开放年代，中西文化激荡，价值观念多元化，一些党员的理想信念发生了动摇，这是不应该的。我们应该看到，党领导中国人民建设中国特色社会主义事业取得的伟大成就是举世公认的，投身于这样一个伟大事业我们理应感到自豪光荣。所以，每一名共产党员都应该像雷锋同志那样，满怀坚定理想信念，为国家富强、人民富裕而奋斗。

二、雷锋精神以无产阶级的人生观和世界观为依托

他的人生观是“活着只有一个目的，就是做一个对人民有用的人”，“把有限的生命，投入到无限的为人民服务之中去”。他有着憎爱分明的政治立场，那就是“一个心眼，一心向着党，向着社会主义，向着共产主义”，“坚决听党的话，一辈子跟党走”。他具有奋不顾身的无产阶级斗志，把毕生精力和整个生命献给了伟大的社会主义事业。

对党、对人民、对社会主义事业的热爱和对共产主义远大理

想的追求，是雷锋人生观的集中体现。雷锋精神中人生观的先进性，反映了时代进步的要求，是带有鲜明社会主义时代特色的精神。雷锋短暂的一生中，既没有硝烟弥漫下的英雄壮举，也没有激烈的矛盾冲突撞击，他所遇到的，都是常人遇到的；他所做的，都是常人经过努力后可以做到的。人们正是从雷锋这些平凡的事迹中，体会到一种对事业的执著追求，感受到一种伟大的精神力量。我们为实现“中国特色社会主义共同理想”努力奋斗，就需要雷锋这种精神。

三、雷锋精神是一种人生信仰

信仰最基本的特征在于它是不可量化的一种精神状态，高高在上而难以实现，正想孔子所说的“譬如北辰，居其众而众星拱之”。然而，又必须看到信仰充斥于现实社会的点点滴滴，它无声地影响着我们，成为一个个感人故事背后的动因。

从精神信仰的高度去瞻仰雷锋，我们就能理解他内心不屈力量的源泉。他无私无我的伟大精神，他一心向党的赤胆忠诚，他感恩人民的人性关怀，他甘于奉献不求回报的高尚情操，他自强不息勇于进取的精神动力，这所有的原因，都根源于他对党、对人民、对新生政权、对共产主义信仰的执着和坚守。换句话说，这种对信仰的坚守是雷锋之为雷锋的支点。

这种源自于精神的力量往往让人感到震撼，一个独立个体足以波及他身边的人；而如果作为一个阶级，那将产生无法估量的影响，就像马克思所说："无产阶级在这次斗争中失去的只是锁链，而得到的将是整个世界——全世界无产者联合起来！"这种即便放在今天，读罢仍让人热血沸腾的口号，就是信仰之伟力的逻辑结论。在那个炽热火红的年代，雷锋这样执着于自己坚守的信仰，正是他力量的源泉。

反观历史，中国共产党领导中国人民完成民族独立和民族解放，成千上万的革命者为信仰献出宝贵的生命，抛头颅洒热血，谱写了一曲青春不朽的诗篇。他们像殉道者一样，前仆后继，不绝如缕，靠的就是共产主义信仰。他们的名字铭刻在人们的心里，他们的故事读罢令人动容。一位哲人说过，"人是不能缺少信仰信念的。活着本无所谓意义，只因有了信仰，才拥有了价值坐标，才找到了人生的意义”。这不仅是对他们“怪诞”行为的解读，更是对雷锋精神的注脚，是对他们所共同坚持的共产主义信仰的诠释。

【雷锋这样做】

（一）雷锋带病建小学

1960 年夏天的一个星期天。忙了一个礼拜的战士们有的上街买东西、逛公园，有的看书、写信、洗衣服。战士小于见雷锋吃完早饭趴在床上看报，以为他又要学习了，就一把夺过雷锋手里的报纸，说：“起来，跟我上公园转转去，今天禁止你学习一天！”雷锋这天肚子疼，没有跟小于上街。他想，今天夜里还要出车呢，肚子老疼怎么办？就跑到团部卫生所去看病。值班军医给他看了看，开了一些药，说：“你是夜里着凉了，回去用暖水袋焐一焐肚子，好好休息一天，就好了。”

雷锋从卫生所出来，走到半路，看到一个建筑工地上工人们干得热火朝天，正在开展劳动竞赛。大喇叭里放着歌曲“社会主义好”，推车的，挑担的，来来往往。他近前一看，一块木牌上写着：“抚顺市第二建筑公司本溪路小学建筑工地”。雷锋心想，真不简单，不久前这里还是一片荒地，马上就要变成一所小学了。这时他突然听大喇叭里喊：“运砖的同志们注意！砌砖组的同志大显身手，砌砖速度打破了昨天的纪录，运砖组的同志加油呀！”他听了情不自禁地把衣袖一挽，朝工地飞奔过去。在一个烧水棚旁边放着几辆空车，雷锋推起一辆就走，烧水的老师傅见了，忙喊道：“哎，同志！你推车干什么？”雷锋回头说：“老大爷，我借这车用一用！”老大爷说；“我们的车不外借！”雷锋笑了笑，说：“老大爷，我就在这儿用！”老大爷才明白，这个解放军要帮忙干活，说：“怎么，你要帮咱们工地推砖啊！”雷锋说：“今天我没事，闲着也是闲着！”说完，推起车就飞快地走了。

雷锋正干得起劲，工地上的女广播员跑了过来，问他：“解放军同志，你是哪个部队的？叫什么名字？”雷锋刚要开口回答，见那女广播员打开笔记本，忙说：“你问这个干什么？”女广播员说道“你来参加劳动，给我们很大鼓舞，大家要求我写篇表扬稿表扬你！”雷锋说：“这有啥表扬的？我今天没事，到这儿干点活，这是应该的。”女广播员还不放过雷锋，说；“同志，如果你的名字不保密，就……”雷锋说：“你要写稿表扬我，我只好保密了。”“那你说说为什么参加义务劳动吧！”“为什么？为社会主义添砖加瓦呗！”雷锋回到营房后，对参加义务劳动的事一字未提。

（二）雷锋参军后的心灵独白

雷锋18岁时，是鞍钢的一位推土机作业员，在洗煤车间工作的几个月里，他获得了三次先进生产标兵。此时的雷锋正在努力要求参军，经过曲折的征兵经历，他终于用自己的诚心感动了征兵领导。在入伍的第一天，雷锋写下了真挚坦诚的对共产主义的坚定信仰和不懈追求：

这天是我永远不能忘记的日子，这天是我最大的荣幸和光荣的日子。我走上了新的战斗岗位，穿上了黄军服，光荣地参加了中国人民解放军。我好几年来的愿望在今天实现了，真感到万分的高兴和喜悦，这是我一生最大的幸福。

我渴望已久的参加中国人民解放军的理想实现了，怎么叫我不高兴呢！我恨不得把我的心掏出来献给党才好。晚上我怎么也睡不着，我的心就像大海的浪涛一样，好久不能平静。

我，一个在旧社会受苦受罪的穷苦孤儿，居然成为一个国防军战士，得到党和首长的信任，受到战友们的热爱，我真不知说什么好……在这个革命的大家庭里，首长胜过父母，战友亲过兄弟，这一切，只有在党领导下的人民军队里才能得到。

（三）雷锋入伍后的信念坚持

雷锋刚刚入伍后，被分到沈阳军区某部。刚进部队本来是候补名额的他因为文艺方面的才能而被选为新兵代表在欢迎大会上发言，这些经历更加坚定了雷锋的无产阶级立场和对共产主义的信念。

他在日记中写道：我在党的正确领导下，通过这次轰轰烈烈的社会主义的教育运动，提高了我的政治觉悟，在思想上划清了两条道路的阶级界限，树立了无产阶级革命人生观，站稳了立场，端正了服役态度，树立全心全意为人民服务的革命理想。敬爱的毛主席，我看到您写的《纪念白求恩》这篇文章，深受教育，被感动得流下了热泪。过去有人讽刺我说："你积极有什么用，那么点的小个子给你150斤重的担子，你都担不起来。"我听了这话，还埋怨自己为什么长这么点小个子呢！可是，您老人家却说："一个人能力有大小，但只要有这点精神，就是一个高尚的人，一个纯粹的人，一个有道德的人，一个脱离了低级趣味的人，一个有益于人民的人。"这话给我很大鼓舞。即便是个子小，我也要尽我自己最大的力量，做到毫不利己，专门利人，向伟大的国际主义战士白求恩学习。

第四章 坚守岗位 甘愿平凡

跃进战鼓响咚咚，钢铁任务不放松。

誓夺一千八百万吨，不获全胜不收兵。

培养生产多面手，技术革命要领先。

红专学校又成立，文化革命将实现。

百年大计质量第一，产量任务要提前完。

誓言决心齐下定，各项任务保证能完成！

——雷锋诗歌

爱岗敬业是雷锋精神的重要体现。雷锋的一生是平凡伟大的一生，他那闪光的语言和崇高的理想都产生在他的具体工作岗位上，产生在他日常的生活实践中。他对社会的巨大影响，正是他在本职岗位无私奉献精神的延伸和发展。我们每个人都有自己的本职岗位，无论你是干哪个行业、担任什么职务，也无论你在执行什么任务，都应该立足本职岗位，准确地理解和有效地实践雷锋精神，推动各行各业的发展。

一、传承和弘扬雷锋的“螺丝钉”精神

雷锋有一句名言：“在伟大的革命事业中做个永不生锈的螺丝钉。”他把自己当做一颗螺丝钉，拧在哪里，就在哪里闪光。社会主义建设事业是一个有机的整体，它是由各行各业无数个工作岗位组成的。如果一个人暂时还没有能力去帮助别人，那么最重要的就是做好自己的本职工作，自己能力提高了，才有可能去帮助他人，这也是雷锋精神的一种体现。

在雷锋短暂的人生中，他在任何一个岗位上都始终兢兢业业、恪尽职守，忠实地履行着自己的职责，以自己的行动实践着“螺丝钉”精神。他曾经说过：“我要积极肯干，做到说干就干，干就干好，脚踏实地，实事求是地干，千方百计地干，事事拣重

担子挑。”尽管一个雷锋创造的财富有限，但是千万个雷锋创造的财富加起来，数量就非常庞大。如果每个人都像雷锋一样工作，将会为国家和社会创造巨大的财富。

雷锋的“螺丝钉”精神表现在个人服从整体和组织，忠于职守，干一行、爱一行。这种精神曾经激励和感召了几代人，在社会主义建设事业中发挥了积极的作用。然而，在现实生活中，有的人认为“螺丝钉”精神已经过时落伍，因而把它淡忘了；也有的人片面理解“螺丝钉”精神的含义，把它等同于自甘平庸、没有远大志向，因而对其不屑一顾。反映到工作上，就是心浮气躁、急功近利，不愿踏踏实实、兢兢业业地干事创业，甚至醉心于投机取巧、欺上瞒下、弄虚作假。这些现象的存在表明，时代条件和社会环境已经发生了巨大变化，人们的思想观念、价值取向、行为方式等也随之发生了深刻变化。那么，还要不要提倡和发扬“螺丝钉”精神呢？答案是肯定的。情况越复杂，任务越艰巨，越需要各个方面、各个环节的团结协作和密切配合。

在新的历史条件下，要实现全面建设小康社会的奋斗目标，构建社会主义和谐社会，需要全党全社会的共同努力，需要每个人做永不松劲的螺丝钉。“螺丝钉”精神蕴涵着的深刻道理，不仅没有过时落伍，而且具有时代意义。当今时代，经济全球化趋势深入发展，科技进步日新月异，国际国内之间、人与人之间的联系更加紧密，竞争也更加激烈。一个人如果缺乏艰苦奋斗的思想，不甘于做“螺丝钉”，不屑于干平凡事，而是一味追求大名大利和轰动效应，结果不仅会事与愿违，而且也难以对社会作出贡献。同样的道理，一个国家和民族如果不能团结奋斗，没有亿万颗“螺丝钉”正常高效地运转，也难以实现发展进步。

二、爱岗敬业精神是中华民族的传统美德

中华民族历来有“敬业乐群”、“忠于职守”的传统，敬业是中国人民的传统美德。早在春秋时期，孔子就主张人的一生要始终勤奋、刻苦、为事业尽心尽力。孔子曾有“执事敬”、“事思敬”、“修已以敬”等论述。

北宋著名学者程颐对“敬”字做了进一步解读。他认为“所谓敬者，主之一谓敬；所谓一者，无适之谓一。”意思是说，专

心致志于一件事，心无旁骛就做到了敬，由此可知，一心一意专注于自己的工作，就是敬业。国内“敬业”一词的最早提出者是近代学者梁启超先生。他在《敬业与乐业》一文中，把敬业乐业当成是人生的至高法则，提出敬业乐业是“人类生活的不二法门”。梁启超认为，所有的职业都是神圣的，都是可敬的。因此，无论从事什么样的工作，无论报酬和地位高低，都是值得尊敬的。从事工作和劳动，也是每个人来到世上的必然。

敬业表现为虔诚的劳动态度和工作作风。在敬业者看来，职业和岗位只是社会分工的不同而已，并无高低贵贱之别。“三百六十行，行行出状元”，各行各业都可造就优秀人才。北宋诗人张耒曾经写一首诗：城头月落霜如雪，楼头五更声欲绝。捧盘出户歌一声，市楼东西人未行。北风吹衣射我饼，不忧衣单忧饼冷。业无高卑志当坚，男儿有求安得闲。诗的最后两句意思是，人的职业无高低贵贱之分，关键在于志向坚定。一个人一旦有了切实可行的奋斗目标，哪有时间安闲懒散呢？只要牢记“业精于勤荒于嬉，行成于思毁于随”的古训，就能使自己的事业走向成功。

敬业就是精益求精，不断提高自己的工作业绩和水平。敬业包含精业和勤业。只有在技术上精益求精，始终做到学而不厌、习而不倦、勤苦钻研的人才能在本职岗位上有所建树。荀子在《劝学》中指出：“蚓无爪牙之利，筋骨之强，上食埃土，下饮黄泉，用心一也；蟹六跪而二螯，非蛇、鳝之穴无可寄托者，用心躁也。”荀子肯定“用心一也”而反对“用心躁也”，就是强调要专心致志，干一行，精一行，真正作出成绩。

爱岗敬业精神从某种程度上说也是一种民族品格。如果一个民族的大部分成员缺乏这种精神，那么，这个民族是没有前途的，就会在极恶劣的生存竞争中落伍、被淘汰。所以，倡导爱岗敬业精神不是一种奢求，更不是为了赶时髦或者作秀，而是关系到国家和民族的发展乃至生死存亡的大事，是社会进步、事业兴旺、民族昌盛的必然要求。

三、爱岗敬业的内涵变迁与当代解读

爱岗敬业是一个古老的话题，是社会对每一个成员最基本的从业要求，是推动人类进步的重要精神力量，随着时代的变迁，人们不断赋予它新的内涵。

爱岗敬业是所有岗位对从业人员最基本的要求。德国诗人歌德曾经说过：“你要欣赏自己的价值，就得给世界增加价值。”人的需求具有层次性。人都有荣誉感，渴望得到社会和自己所在群体的认可，都希望最大限度地实现自我价值。而要获得荣誉，实现自我价值，把理想和追求变成现实，靠的是什么？靠的就是在平凡岗位上能做到爱岗敬业。

爱岗敬业是每一位从业人员应有的职业操守和态度。美国前总统肯尼迪在其总统就职演讲时说：“不要问美国为我们做了什么，而要问我们为自己的国家做了什么。”在生活中，我们常常看到有的人尽管才华出众，但总是怀才不遇，遇到问题不是从自身找原因，而是不停地埋怨外在的环境，殊不知他对工作、对生活所持有的这种态度，恰恰制约了自己的成长和进步。如果因为遇到挫折就大肆抱怨，不顾大局、不讲团结、不反省自己，在不知不觉中养成了抱怨环境、不思改正的习惯，最大的受害者恰恰就是自己。人是高度社会性的动物。在任何时代，社会、集体和单位都有某种优势，也有局限性。但总的来说，个人的发展和进步离不开所处的时代大势，离不开社会和他人的扶助。所以，任何人要实现自己的价值，首先要通过自己的职业和岗位，架起通向成功的桥梁。

爱岗敬业是一种境界。有人说过这样一句话：“工作时间长了，就成了一份事业，事业经营得久了，就成了一种情怀。”当我们把爱岗敬业当做人生追求的一种境界时，就会在工作上少一些计较，多一些奉献，少一些抱怨，多一些责任，少一些懒惰，多一些上进，享受工作给自己带来的快乐和充实感。有了这种境界，我们就会倍加珍惜自己的工作，并抱着知足、感恩、努力的态度，把工作做得尽善尽美，从而赢得别人的尊重，取得岗位上的竞争优势。

我们习惯于把敬业看成是一种具体的行为表现，看到一个人无私奉献，勤勤恳恳、尽职尽责的工作，就说这个人很敬业。实际上，敬业不仅是一种好的行为表现，更是一种内心的觉悟和修养。一个人不敬业，轻视自己的工作，对自己的工作随意敷衍和应付，表面上看是行为出了问题，实质上是内心对工作的认知出了问题，体会不到工作的价值和乐趣，进而产生了浮躁情绪。

爱岗敬业精神表现在个人行动上，就是有明确的奋斗目标、朴素的价值观、忘我投入的志趣、认真负责的态度，以及脚踏实地的行动。敬业是一种值得赞扬的好行为，同时也是一种增添人格魅力的内在修为。培养正确的职业观和人生观，常怀敬业之心，常行敬业之举，久而久之，我们自然就能和浮躁保持距离，使敬业成为自己的一种工作方式和生活方式。

当前，我国的改革开放和现代化建设已经进入全面建设小康社会的关键时期。伟大的时代成就伟大的事业，伟大的事业需要各式各样的人才。高学历、高精尖的人才我们非常需要，懂经营、能创新的人才我们非常需要，爱岗敬业、默默无闻、奉献于平凡的工作岗位的人才我们同样非常需要！而且，不管哪一类人才，都必须具备爱岗敬业的精神，我们的事业才能稳步推进、节节胜利。因此，我们要大力弘扬爱岗敬业的精神，要把这种精神从优良的传统中提升出来，赋予其时代意义。人人爱岗，人人敬业，人人添砖加瓦，我们的事业就会与时俱进，华夏腾飞的时代就会早日到来！

伟大的事业需要脚踏实地去开创，平凡的工作需要脚踏实地去推进，幸福的人生需要脚踏实地去创造。科技高度发达仍然需要爱岗敬业，市场经济发展仍然需要爱岗敬业，推进小康社会仍然需要爱岗敬业，实现人生价值仍然需要爱岗敬业，爱岗敬业永远是推动时代前进的重要精神。我们要高度发扬爱岗敬业的时代精神，用一点一滴的光和热，来建设我们伟大的祖国，成就我们伟大的事业。

【雷锋这样做】

（一）一丝不苟的推土机手

雷锋在鞍钢工作的时候当过推土机手。那时候，每天上班，他总是提前来到现场，帮助师傅把准备工作做好，师傅开车的时候，他就站在一旁给师傅引路同时仔细观察师傅的操作。有时候正好碰见别的师傅在检修机器的时候，他总是走过去帮着做这做那，学到了一些修理技术。由于学习比较努力，雷锋很快就熟悉了推土机的性能，学会了驾驶。师傅们见他勤快又好学，就更加认真地教他，爱护他。师傅们都亲切地呼唤他“小雷子”。

有一次，雷锋开推土机不小心把旁边的火车铁轨撞弯了，师傅心疼铁轨，就批评了雷锋几句，雷锋的心里也比较难受。第二天师傅觉得对雷锋要求太严了，就对雷锋说“常在河边走，怎能不湿鞋。师傅也是为你好，不要太放在心上，以后多注意就是了”，安慰他几句。雷锋说：“师傅你理解错了，你以为我是因为你的批评难受吗？不，你批评得很对！我难受，是因为给国家财产造成了损失！你批评我，是为了帮助我以后少出差错啊！我的技术还很差，以后师傅还应当更加严格地要求我，帮助我进步。”

开推土机铲煤这个工作，看上去简单，但是也有很多讲究。用力太猛就会铲起地下的泥土，很多不懂的人都认为这么多煤，铲进一点土也没什么，有时候为了赶进度也很少管那么多。然而，雷锋却认为一点点泥土，掺在煤里会影响炼焦的质量，进而影响钢铁的质量，这样危害很大。因此，他在推土的时候，只要发现就会立即把它们挑出来，别人驾驶的推土机铲到泥土，他也会设法挑出来。他这种认真、一丝不苟的态度，让同事们深为感动，也多次受到师傅和领导的表扬。

（二）一个汽车兵的工作总结

雷锋在部队汽车连服役，他热爱本职工作，努力钻研开车技术，总结技术经验，有一次在全班工作总结中雷锋作了《精通业务，熟练技术的报告》，其中一部分是这样的：

1. 刚开始学习技术的时候,有的同志说:“只要把技术学好了,就有了铁饭碗……”还有的同志认为,技术学好学赖是个人的事,与别人无关。还有的同志对技术学习不重视。针对这些思想,我们学习了报纸上论“红与专”的文章和毛主席的有关著作。学习之后,大家提高了认识,统一了思想,明确了学习目的。

2. 学习虚心，不懂就问，不装懂，有打破砂锅问到底的精神。主要表现在：①每当教员讲完课后，有不懂的问题，大家能及时提出，互相争论和讨论，实在弄不明白的，就请教员作解释，直到把问题弄懂为止。②走到哪学到哪。如乔安山和韩玉臣等同志在沈阳执行任务时，主动请兵部的老司机介绍经验，虚心向他们学习。

3. 学习方法灵活。主要有以下三种方法：①采取互教互学的方法。比如：我们根据教员所讲过的科目，在出车中结合实际（在不妨碍完成任务的情况下），互设各种故障排除，互问互答，互相纠正驾驶动作。②采取包教保学的方法。如我班周述明同志技术较高，主动包教接受能力差的乔安山同志。有疑难问题反复给他讲解。经常利用休息时间和假日把乔安山带到车上，对照实物给他讲解。由于教者耐心，百问不烦，学者虚心，不懂就问，因此乔安山技术提高很快，由以前考试不及格，到最近考试得 5 分。③采取了（理论、图表、实物）三结合的方法。比如：教员讲了联合调节器的工作情况和外部线路的连接后，我们记不住，有的地方还弄不清楚。下课后，我们对附图表讨论。大部分同志懂得了，可是还有少数同志不太懂。然后，我们一同到车场打开汽车发动机盖看实物，把联合调节器卸开来仔细观看。经过实物实验，全班同志才真正突破了这个难点。由于采取了以上三种方法，大家的技术普遍提高。所以冬训三次测验，取得了全班满堂红的优秀成绩，被评为军事训练标兵班。

第五章　乐于助人　无私奉献

松柏树，根连根，石榴结籽心连心，

解放军和老百姓，本来就是一家人。

——雷锋诗歌

雷锋在日记中曾写道："我活着就是使他人过得更好。"雷锋是这样说的也是这样做的。雷锋，作为班长，他时刻关心着战士们训练和生活中的疾苦；时刻惦记着战士们家中是否有困难；时刻向需要帮助的战士们伸出友善之手。雷锋把奉献作为自己的追求。雷锋精神的实质是处处把国家和人民利益放在第一位的全心全意为人民服务的奉献精神。雷锋精神经过几十年的实践，已经用事实说明，它是我们人生的重要精神支柱，是人类共同的财富。人总要有点精神寄托，不能成为金钱、享受的奴隶。美国西点陆军学校尚且以雷锋为榜样进行品德教育，在我国进入社会主义市场经济的今天，我们更应倡导雷锋精神，倡导服务人民、助人为乐的奉献精神。

一、奉献是雷锋精神的本质

雷锋精神的本质是奉献，雷锋奉献的过程是快乐的，是无怨无悔的，是不求回报的。奉献是一种觉悟的行动。对于一个人来说，奉献是品行修养的升华，是心灵高尚的旅行；对于一个社会来说，奉献是人情美好的体现，是弥足珍贵的风尚；对于一个民族来说，奉献是源远流长的传统美德，是催人奋发的时代精神。

无私奉献从来都是我们的民族精神。在中华民族生生不息的历史过程中，作为民族精神的一种“精品”——奉献精神从来就不缺乏，而且在不朽的历史巨卷中留下许多可歌可泣的篇章。“春蚕到死丝方尽，蜡炬成灰泪始干。”这是古人对奉献者敢于牺牲最恰当的比喻。春蚕吐丝至死，为人类奉献了一生；蜡烛燃烧自己，则是为了照亮别人。无论时代发生怎样的变化，奉献精神永远熠熠生辉，光耀人间，永远是一种纯洁高尚的精神境界，是鼓舞和激励人们奋发向上的巨大力量。这种奉献精神将永远被世人所赞颂。

雷锋那种把有限的生命投入到无限的为人民服务之中去的奉献精神，是构建社会主义和谐社会应当极力倡导的价值取向。一滴水只有融进大海才不会干涸，一个人只有把有限的生命投入到无限的为人民服务之中去才能充分体现自身价值，这是雷锋用他朴实的行动留给我们的深刻启示。一个人若仅仅为自己而活着，这样的人生是渺小的。只有自觉地把个人的追求同千千万万人民大众的命运联系起来，把个人的奋斗融入到国家富强、民族振兴的历史洪流中去，这样的人生才是有价值的人生，才是壮丽的人生。构建和谐社会，需要我们像雷锋那样，志存高远，胸怀宽广，把个人的一切毫无保留地奉献给人民，和人民同呼吸共命运，做人民的服务员。

奉献本身并不是一种痛苦，它是一种精神享受。同时，奉献也不完全是单向的，当我们奉献给别人物质的时候，实际上我们也得到了精神上的愉悦。当然，奉献有多种形式，比如舍己救人、扶危济困、解救他人于痛苦之中，但这都不是没有回报的。亚里士多德说，人是一种社会动物。人与人之间的社会关系，实际上就取决于人与人之间的态度，如果大家都采取自私自利的行为，这个社会就没有凝聚力，必然成为一盘散沙。

雷锋的奉献精神，作为一个时代的精神象征，在过去的岁月里曾激励了无数劳动者。奉献，就意味着付出和给予，而这种付出和给予又应该是真心实意的、自愿的行为。在当今社会，讲奉献，就是要从点滴入手，就是要从自己做起，从现在做起，从本职工作做起，就是要求我们每个人从自身做起，严于律己，宽以待人，认认真真地做好本职工作的每一件事。只有这样，才会自觉地忠于职守，尽职尽责，才能做一名无愧于党、无愧于人民的人。无私奉献是公认的最可赞扬的品质，它培养了人们心中的浩然正气，涤荡了私心杂念的尘垢，书写着一页页动人的篇章。无私奉献的人在社会中能够得到别人的尊重，在道德的天平上是最具重量的砝码，在人类历史的长河中是最美丽的浪花，在“人不为己，天诛地灭”的道德黑夜中也闪耀着最灿烂的光辉。

奉献能使人间永驻真情，能使世界充满爱心。奉献是每个人应该具有的品德。改革开放呼唤奉献精神，推进科学发展呼唤奉献精神，和谐社会建设呼唤奉献精神，形成美好的人际关系需要奉献精神，以德治国需要奉献精神，加强社会主义核心价值体系建设更离不开奉献精神。我们要重倡奉献精神，让奉献精神回归并继续发扬，使其在新的时代条件下更加闪闪发光。

二、全心全意为人民服务是雷锋精神的核心

半个世纪以来，雷锋同志爱党、爱国、爱人民的坚定信念，奉献、敬业、创新、创业的崇高精神，影响并激励着一代又一代共产党人奋勇前行。如今，雷锋精神被赋予了新的时代内涵，正在华夏大地上绽放出更加璀璨的光芒。

雷锋一生没有创造出惊天动地的业绩，但他总是乐于把有限的生命投入到无限的为人民服务之中去，始终保持着共产党员的高尚品格。雷锋同志把生命的每一分光和热都毫无保留地奉献给了人民。他这种深深的为民情怀值得每一名共产党员学习。要像

他那样始终牢记宗旨，甘当公仆，把一切为了人民，始终服务于人民作为一切工作的出发点和落脚点，多想些群众冷暖，少想点个人“政绩”；要像对待自己的亲人一样对待群众，关心群众疾苦，倾听群众呼声，始终同群众心连心、同呼吸、共命运；要千方百计为群众解决实际问题，凡是涉及群众切身利益的事情，都要看成大事、要事，想方设法多为人民群众办实事、办好事。

雷锋为人民服务精神的特点是具有高度自觉性的。从雷锋身上，我们可以看出，一方面，高度自觉性不是从外部强制而来，而是自身的认识和觉悟，高度自觉性是在这些意识的支配下出现的，是在道德认知、道德情感、道德意志、道德信念和道德习惯等道德修养的各个环节上体现出来的。所以，我们要像雷锋那样以高度自觉性践行根本宗旨，就要在自身的意识和觉悟上下功夫，就要在树立革命人生观和社会主义核心价值观上见成效，就要全面加强道德修养。另一方面，高度自觉性又是在有目的、有计划的活动中体现的，是在自己觉察并掌握一定客观规律的前提下进行的。雷锋的“我要把有限的生命，投入到无限的为人民服务之中去”就是他的目的、计划，就是他所觉察并掌握的客观规律。我们要像雷锋那样以高度自觉性践行根本宗旨，就要掌握这个“有限”与“无限”之间的辩证法。任何人的生命、能力和所能做的事情都是有限的，但只要有高度的自觉性，才能无限地为人民服务。

雷锋精神启示我们，一个人只为个人或少数人的利益而斗争、而牺牲，是最不值得的；只有为党、为阶级、为民族解放、为人类解放和社会的发展、为最广大人民群众的最大利益而斗争、而牺牲，那才是最值得、最应该的。

三、助人为乐是雷锋精神充满感召力的决定因素

雷锋精神之所以依然充满感召力，在那么多的人物身上，在那么多的时间、场合和事件中呈现，根本上是因为人类永远需要助人为乐：无论国家多么强大，总有紧急的关头；个人无论达到如何的富裕程度，总有困难的时候；在要紧的时候，向急需的人伸出援助之手，永远是社会的期待。

“助人为乐”意味着个人走出“小我”的本位，融入社会，向世界敞开胸怀，无论他人有事还是国家有难，只要力所能及就奉献自己，最大限度地去履行社会责任；“助人为乐”意味着走出斤斤计较的盘算，不求任何形式的回报。只要对公众和他人有益，回报已在其中。助人带来快乐，快乐让人们更乐于助人。

不同的时代，对快乐和幸福的理解可能不同，但有一种快乐是相通的，它穿越千年而亘古不变且历久弥新，那就是在“赠人玫瑰手留余香”中收获的快乐，没有一种快乐能超越这种高贵的情感。今天这个丰裕的时代，我们有很多可以获得快乐的手段，获得一个奖品会快乐，得到梦寐以求的名包会快乐，吃到一顿大餐会快乐，得到名人的签名会狂欢尖叫。可这些可以用钱购买的快乐，都是浅薄并短暂的，短暂到甚至只能称之为“快感”。物质的丰富，掩饰不住我们内心的空虚和对快乐的贫乏。比尔·盖茨和巴菲特最大的快乐，绝不是坐拥亿万家产而产生的那种富可敌国感，而是捐赠和散财产生的幸福感。

所以，今天，我们重提雷锋精神，很大程度上不是去救助和拯救别人，而是拯救我们自己，寻找我们丢失的心灵钥匙，找回那种让我们充实、让我们幸福、让我们快乐的高贵情感。我们倡导向雷锋学习，是追寻一种达至快乐的心灵钥匙，追寻那种快乐的情感。

雷锋是快乐的，学雷锋也应该是快乐的。我们学习雷锋，是为了追求内心的快乐这不是拙劣的绕口令，而是关于快乐的哲学；学雷锋不是一种道德负担，不是由外而内的强制律令，而是我们内心的追求；学雷锋并不悲情，而是一门关于快乐的学问；学雷锋并不崇高和神圣，不是悲壮的牺牲，而是一种平凡的生活。

“助人为乐”的雷锋精神是中华民族的精神财富，体现着社会主义的价值取向，理应在新的社会环境中进一步弘扬。在市场经济体制已经确立，社会主义法制初步建成，社会生活三个主要领域——市场、政府和公益慈善业已经形成的今天，公民参与公共生活的机会大大增加之后，我们需要在继续大力开展雷锋精神宣传教育活动的同时，应创造更加有利于雷锋精神深入人心的条件，建立更有利于实现“助人让人愉悦”的机制。

第一，要充分发挥市场在资源配置上的主导作用，让更多有能力的人以自食其力的方式，解决自身问题，实现自我价值。

第二，要严格履行政府职能，落实法律规定的公共责任，在财政可承受的限度内，扩大对公民特别是困难人群基本权利的覆盖，提高保障水平。

第三，要借助现代公益事业的理念、组织、规则和技术，针对达到一定数量的社会救助需求，科学地搭建工作平台，提高组织化程度，建设志愿者队伍，建立慈善基金，开发公益项目。在尊重个人意愿的基础上，将公众内在的助人心愿引入制度化的渠道，动员更多的人参与到助人行动中来，让雷锋精神之光更加灿烂。

【雷锋这样做】

（一）“我叫解放军，就住在中国”

从 1961 年开始，雷锋经常应邀去外地作报告，他出差机会多了，为人民服务的机会就多了，人们流传着这样一句话：“雷锋出差一千里，好事做了一火车”。雷锋就是通过自己的行动将自强不息的精神融入到帮助他人的点点滴滴中去的。

有一个流传很广的故事是，一次雷锋外出在沈阳站换车的时候，一出检票口，发现一群人围看一个背着小孩的中年妇女，原来这位妇女从山东去吉林看丈夫，车票和钱丢了。雷锋用自己的津贴费买了一张去吉林的火车票塞到大嫂手里，大嫂含着眼泪说：“大兄弟，你叫什么名字，是哪个单位的？”雷锋说：“我叫解放军，就住在中国。”

过年的时候，战友们愉快地在一起搞些文娱活动。雷锋和大家在俱乐部打了一阵乒乓球，就想到每逢年节，服务和运输部门是最忙的时候，这些地方是多么需要人帮忙啊。他放下球拍，并喊了几个战友，一起请假后直奔附近的瓢儿屯车站，这个帮着打扫候车室，那个给旅客倒水，雷锋把全班都带动起来了。

（二）冒风雨送母子回家

1960年6月上旬，雷锋因公外出，在沈阳火车站乘车回抚顺。早晨5点钟，到了上车的时间，他背着背包刚走近天桥，看见一位白发苍苍的老太太背着个大包袱，走几步歇一歇，很吃力。雷锋急忙赶上前去，帮助老人背起包袱，搀扶她上火车。老太太累得满头是汗，喘了半天气，对雷锋说了一句话：“好孩子，大娘忘不了你呀！”上了车，见人很挤，雷锋就给老人找了个座位，自己就站在老人的身旁。火车开动了，雷锋由于没吃早饭，肚子饿了，就拿出在车站买的两个面包，他顺手送给老太太一个。老太太接过面包，忙说：“你这个当兵的，真好，我见到儿子叫他写信给你们首长……”老人说她从山东来，到抚顺去找他儿子，但又不知儿子的住处。她掏出一封信让雷锋看，上面写的地址是“抚顺高××信箱第四宿舍”。这个地方雷锋不知道，但为了使老人安心，他就说：“大娘，你莫急，有地址就好办，下了车我帮你去找。”

6点多钟到了抚顺，雷锋把自己的背包存放在车站，背上老人的包袱，领着老人四处打听，走走停停地快9点钟了，终于找到了。这个“××信箱”原来是个保密工厂。

老人见到了儿子，高兴得满眼是泪说：“儿呀，要不是这位军人同志帮娘找，今天难得见你……”临走时，他们母子二人对雷锋千恩万谢，送出他很远。雷锋觉得这是自己应该做的，本不想汇报这件事。谁知，那老人的儿子果真给部队写来一封信，请求领导表扬这位不知名的战士。可是，那天雷锋回部队也晚了3个小时，就是想瞒也瞒不住了。

（三）“我是人民的勤务员”

1962年5月2日下午，雷锋正在保养汽车，突然下起了大雨。当他正在盖车的时候，见到路上有一位妇女，左手抱着一个小孩，右手拉着一个孩子，左肩上还背着两个行李包，走起路来真是很吃力。雷锋急忙跑上前，问她从哪来？到哪去？这位妇女说：“从哈尔滨来，到樟子沟去。”她还对雷锋说：“兄弟呀！我今天遭老罪了，带两个孩子，还背一些东西，天又下雨，现在天快黑了，还要走10多里路才能到家。现在我都累迷糊了，我哭也哭不到家呀……”雷锋听她这么说，心里很过不去。他想，毛主席说过：“我们的同志不论到什么地方，都要与群众的关系搞好，要关心群众，帮助他们解决困难。”想起毛主席的教导，他浑身有了力量，于是就跑回部队驻地，拿着自己的雨衣给那位妇女，又抱起了她的孩子，冒着风雨送她们回家。在路上，雷锋见那小孩冷得发抖，就立即脱下自己的衣裳给他穿上。走了1个多小时，终于把他们送到了家，那位妇女激动地说："兄弟呀，你帮了我，我一辈子也忘不了啊……"雷锋对她说："军民一家嘛，何必说这个呢……"

当雷锋离开她家的时候，风雨仍然没停，他家人都留雷锋住下。可是雷锋想，刮风、下雨、天黑，算得了什么？一定要赶回部队，明天还要照常出车。

雷锋在他当天的日记中记下了这件事，并写道"我是人民的勤务员，自己辛苦点，多帮人民做点好事，这就是我最大的快乐和幸福"。

第六章　勤俭节约　艰苦奋斗

南来的燕子啊！新来的候鸟，从北方飞到了南方，

轻盈地掠过团山湖的上空，闪着惊异的眼光。

我分明听清了呢喃的燕语，

像在问：“为什么荒芜的团山湖，今年改变了模样？”

南来的燕子啊！

让我告诉你吧：

团山湖这片未开垦的处女地，是由于党的巨大的力量，才围垦成一个新的农场；是他们——农场的工人们，用勤劳的双手，给团山湖换上了新装。

——雷锋诗歌

勤俭，是中华民族的优良传统，是现代文明的内在诉求。勤俭，是一种操守，是一种品行，是一种素养，是一种美德。中华民族是一个勤劳、节俭的民族，古人云："俭，德之共也；侈，恶之大也"，"历览前贤国与家，成由勤俭败由奢"。勤俭节约是中国人的一种传统美德，是中华民族的优良传统。小到一个人、一个家庭，大到一个国家、整个人类，要想生存，要想发展，都离不开勤俭节约这四个字。可以说修身、齐家、治国都离不开勤俭节约，诸葛亮把"静以修身，俭以养德"作为"修身"之道；毛泽东以"厉行节约，勤俭建国"为"治国"之本。

雷锋在日记中写有这样一句话："要记住：在工作上，要向积极性最高的同志看齐；在生活上，要向水平最低的同志看齐。"雷锋无论当公务员、农民、工人、士兵，都始终保持着中华民族艰苦奋斗的优秀传统。经过30多年的改革开放，我国经济总量已跃居世界第二，全国人民已健步迈入小康社会。但物质生活越富有，精神越不能颓废。正是基于此，我们党把"以艰苦奋斗为荣、以骄奢淫逸为耻"作为社会主义核心价值体系的重要内容来提倡和追求。这就需要我们大力弘扬艰苦奋斗、勤俭节约的创业精神，像雷锋那样，勤俭节约，乐于奉献，自觉为国分忧，把艰苦奋斗精神同创业拼搏精神统一起来，把我们的事业不断推向前进。

一、学习雷锋勤俭节约、艰苦朴素的精神

中华民族历来以勤劳勇敢、不畏艰苦著称于世。勤劳节俭是中华民族的传统美德，是我们民族世代相传的精神财富，也是我们这个民族百折不挠、生生不息的力量源泉。

勤劳节俭这种美德为世代中国人所崇尚。早在春秋时期，俭朴就作为一种公德，为智者仁人所大力倡导。《论语》中就有“夫子温、良、恭、俭、让以得之”。其中“俭”就是节俭。意思是孔子具有包括节俭在内的五种品德，所以能赢得人们的信任。墨子也极力主张要在衣、食、住、行、丧葬等方面“制为节用之法”。节约符合“天德”。奢侈浪费就是“亏夺民衣食之财”，侵害别人的生存权。《左传》中说：“俭，德之共也；侈，

恶之大也。”把俭朴作为培养良好道德的基础，把奢侈看成是一切恶行的根源。诸葛亮在《诫子书》中说：“夫君子之行，静以修身，俭以养德，非淡泊无以明志，非宁静无以致远。”自古以来，在中国社会发展的各个时期，艰苦朴素、勤劳节俭都作为一种被社会普遍认同的传统美德，得到倡导、保持和发扬。这也是我国由小到大、由弱到强的重要因素。

我们伟大的中华民族之所以在经历苦难之后能够再次屹立于世界之林，就在于我们民族的坚韧性、适应性还有勤劳节俭的优良传统。正是由于这样的民族特性使中国人能够在艰苦的竞争环境中延续下来，至今仍旧充满了活力。在建国初期，雷锋同志用自己一生的践行，来告诉我们什么叫作勤俭。在部队，他努力钻研开车技术，总结出了一套汽车省油的经验，在工作中为国家节约开支。与此同时，他还学会了汽车的维修保养，将自己捡来的各种废弃零件清洗干净，如果还能使用的就继续使用，从不浪费部队上的一颗螺丝钉。

中华民族是一个在不断的苦痛中成长起来的民族，造就了其勤劳节俭的民族特性。中华民族很早的时候就明白了勤劳节俭可以使个人和国家渡过难关，躲避灾难。《易经》里说，“君子以俭德避难”，也就是说君子要通过俭朴勤劳的德行来避免危难的事情发生。在春秋战国时期，齐桓公、晋文公、秦穆公等都极力倡导勤俭而摒弃奢华，从而达到了富国强兵、称雄六国的目的。西汉文帝躬修节俭，与民休息，轻徭薄赋，开创了“文景之治”的盛世局面。隋文帝、唐太宗、明太祖等开国明君，也都是以勤俭治国，才会开创历史上中国辉煌的局面。古语有云；“以史为鉴，可以知兴衰；以人为鉴，可以知得失。”一个兴盛繁荣的社会必然是一个人民勤劳的社会，更是一个懂得节俭、反对铺张浪费的社会。

我们应当清醒地认识到，虽然目前我国经济总量扩大了，物质条件比过去改善了，但我国还是发展中国家，仍处于并将长期处于社会主义初级阶段。我国人口多，底子薄，人均资源少，生产力不发达，发展不平衡，全体人民的生活还不富裕，国家建设需要办的事情还很多。我们决不能盲目自大，奢侈无度。我们必须坚持厉行节约、反对浪费的方针，必须有长期艰苦奋斗的思想准备。我们必须要谨记雷锋勤劳节俭的精神，并且把这种精神落实到自己的行动当中。即使我国将来进一步发展了，综合国力更强大了，艰苦奋斗、勤俭节约的优良传统仍然不能丢。

二、崇尚俭朴是中华民族始终坚持的优良作风

周恩来总理勤俭节约的故事，妇孺皆知，成为美谈。他一贯倡导勤俭建国、艰苦奋斗，要求“一切招待必须是国货，必须节约朴素，切忌铺张华丽、有失革命精神和艰苦奋斗的作风”。著名抗日爱国将领续范亭在一首《五百字诗》里写得好：“节约莫怠慢，积少成千万，一粒米如珠，一菜不许烂。节约虽有限，万合是十石，细流成江河，冲破东海岸。”滴水汇成河，粒米攒成筐。可见，节约是强大力量的储蓄。聚沙成塔，积少成多，铺张浪费会给国家带来不可估量的损失。事实已经证明，任何一个国家一个民族，如果骄奢淫逸成风，享乐主义盛行，就没有希望。

人们很少谈及“补丁”这个词，“新三年，旧三年，缝缝补补又三年。”这个勤俭节约的代名词，记录着很多发生在我们身

边的生动、朴实、感人的故事。这绝不仅仅是一句说起来很轻松的顺口溜，它客观、真实地反映了人们所经历的那个时代的特征。当时人们那种对待节约的态度是真诚的、质朴的、发自内心的，言行高度一致的。“缝缝补补又三年”，这句话字面上似乎指的是穿衣，实际不然，它已深入人们生产生活当中的每一个角落，衣被也好，用具也好，工具也好，统统都是反反复复地使用，缝缝补补成为了人们的一种习惯、一种精神、一种境界。

在生活条件大大改善的今天，一些同志头脑中的节约意识渐渐淡化了。在我们今天的现实生活中，有的同志认为现在是改革开放、发展社会主义市场经济的新时代了，勤俭节约的道德观念陈旧了，再要求节约就过时了。在这种错误思想的影响下，勤俭节约时下几乎成了“小农经济思想”的代名词。奢侈被认为有“派头”，节约反被认为“无能”。有的人奢侈浪费不以为耻，反以为荣。“享受生活，尽情消费”，“好日子先过，超前消费”成为部分社会群体的“时尚”和生活理念。如果听任这种奢侈浪费之风蔓延，我们中华民族“富贵不能淫，贫贱不能移，威武不能屈”的气节和精神支柱就会被摧毁，我们党“先天下之忧而忧，后天下之乐而乐”、“吃苦在前，享受在后”的先进性和纯洁性就会丧失，最终必然危及我们的宏伟大业。这种错误倾向是必须坚决抵制和反对的。

“常将有日思无日，莫待无时思有时。”即使到本世纪中叶，达到中等发达国家的水平，也没有理由可以奢侈浪费。现在世界上许多国家，包括一些经济十分发达的国家也注意节约。日本的经济发展水平比我们高许多，他们人均收入达两万多美元，但他们的学校都进行各种“忆苦思甜”教育、挫折教育。教育下一代知道“粒粒皆辛苦”的道理，从而做到居安思危，自强不息。瑞士是世界上最富有的国家之一，但他们生产也注意节约节俭，过日子注意精打细算。对比起来，我国人均国民生产总值还比较低，而社会上却刮起崇阔、比阔之风。讲享受、高消费都过早地出现在我们的面前，这同我们的国情，同世界上的发达国家相比，是很不协调的。

勤俭节约是我们这个民族最珍贵的财富，最可依赖的资源，也是我们可以有信心摆脱贫困、走向富强的真正优势和可靠保证。勤是甘泉水，俭是聚宝盆。节约不仅是在物质条件匮乏时的权宜之计，而且是一个优秀民族所必须具备的道德品德和精神状态，也是一个进步社会所应当倡导的文明风尚，是一个当代公民应当具备的基本素质。

【雷锋这样做】

（一）雷锋节约习惯的由来

雷锋曾经跟给他拍照的摄影师张峻谈过他节俭的缘由。雷锋在望城县委机关当通讯员的时候，有一次跟随县委书记张兴玉到基层去开会，在路上见到一颗螺丝帽，雷锋顺便踢了一脚就走开了，张兴玉却走过去捡起来装在自己的口袋里，对他说："国家穷，一颗小螺丝钉也不能浪费，滴水成河……"这件事情对雷锋触动很大，他从此知道了勤俭节约、废物利用，从不自觉到自觉，养成了"捡破烂"的习惯。

雷锋穿过的袜子和解放鞋都是补了又补。雷锋把望城县委书记张兴玉送给他的一双袜子补了三四层，仍旧舍不得扔掉。他领的袜子、鞋、衣服破了，也是补了又补，舍不得换新的，有的战友笑话他，说“给解放军丢脸”。连里的干部也因此议论过，感觉他总是这样会影响军容军貌，于是就找他谈话。以后雷锋参加集体活动或军训的时候就换上新军服，平时出车执行任务和劳动时就换上旧的了。

（二）捐款救水灾

1960 年 8 月，雷锋从报纸上看到曾经工作过的辽阳地区发生了水灾，就给辽阳市委捐寄了 100 元，还写了一封信。雷锋在信里写道：“现在部队每个月发给我们 6 元钱津贴，我每个月除了理发花 5 角钱外，余下的我都存到储蓄所，入伍后我把在工厂时候攒的 40 多元，都带到了部队存到了储蓄所。我在部队短短的七个月里，又节约了津贴费 30 多元，到现在为止，我已储蓄了 100 元钱。今天我怀着万分高兴的心情，将我节约的 100 元钱寄给你们，支援灾区人民公社发展生产。”

辽阳市委接到这笔钱，觉得雷锋精神可嘉，可是作为一个义务兵，积蓄 100 元钱是不容易的，就把这钱退回了部队，还写了一封信给部队首长，表示“希望他能把钱继续存在银行里，支援国家建设。我们一定教育灾区人民，学习雷锋同志的阶级友爱和共产主义品格……”

（三）很少穿的新衣服

作为在一个不错的工作单位工作的年轻人，雷锋也赶潮流，他平生最大的几笔消费，都是在鞍钢时期。

在化工总厂洗煤车间时期，雷锋上下班总是穿着一套工厂发的劳动服和大头皮鞋，业余时间也还是这种打扮，同事们都劝他去买件流行的皮夹克，雷锋刚开始不同意，后来在几个女老乡的再三鼓动下，终于去商场里购置了平生最豪华的一套新衣：一件棕黑色的天津公私合营华光皮件厂出品的“光荣花”牌皮夹克，定价44元人民币，一条深蓝色的料子裤，一双黑色皮鞋，还买了一瓶“友谊牌”雪花膏。在宿舍里，雷锋一穿上新衣形象大变，同事们赞不绝口，都说“现代化的工人就应该是这个样子！”

后来同事们却很少再见到雷锋穿他的新衣服，只穿过一次皮鞋和工友们去跳舞。雷锋是在老乡的教导下学会了跳舞，当时中苏两国关系很好，中国不少东西都是学习苏联的，跳舞就是其中的业余活动。

雷锋很少穿皮夹克，有一次大家问他为什么不穿了，开始他推说是穿着不自然，不舒服，后来见瞒不过，就拿出了一封信。原来，雷锋来到鞍钢之后，仍向望城县委的领导写思想汇报和工作情况，就在雷锋买回新衣服不久，曾收到县里领导的一封信，说希望雷锋在伟大的工人阶级队伍中，艰苦奋斗，永不忘本，把自己锻炼成一个具有共产主义觉悟的真正的工人。这封信让雷锋的内心很不安，觉得自己从农场刚到钢铁厂没几个月，还在学徒期间，工作还谈不上任何贡献，就讲究起穿戴来，有点忘本了，于是就不再把皮夹克穿出来了。

（四）雷锋扫水泥

雷锋经常接到运送水泥去工地的任务，他的车上总是带着一把扫帚、一个簸箕，出车回来，他总是把撒在车上、地上的水泥一点点扫起来。半年的时间，他竟然攒了两千多斤水泥。

为了表彰雷锋，运输连在营房里临时用木板搭起一个展台，专门为雷锋搞了一个“勤俭节约现场展览会”，把雷锋节约箱里的东西和扫水泥的小扫帚都展了出来，并配有“雷锋打扫水泥两千多斤”的说明文字。雷锋看后十分不安，便问指导员：“好像没有那么多吧？”指导员说：“怎么没有？水泥都放在旧油桶里，连长仔细算过，没错！”

（五）雷锋积肥

雷锋在春节假期吃早饭的时候，听到连值班员说：“上午九点集合到和平俱乐部看电影。”有一个同志问了一句：“是什么片子？”连值班员说：“是《昆仑铁骑》。”大家都说：“好极了，可不要错过这个机会。”雷锋一边吃饭，一边想：春节五天假期过完了，十九号就要开始冬训。为了响应党的号召，支援农业第一线，争取今年农业大丰收，还是去多积点肥，支援人民公社，这样做有两个好处。第一，以实际行动支援农业，对社员们是一个鼓舞，同时也更密切了军民关系。第二，替居民搞了卫生。因小孩在屋前屋后拉了很多大粪，看起来脏得很，去把大粪捡起来，给居民把地扫干净，这真是一件一举两得的好事，既搞了卫生又积了肥。

说干就干，雷锋推着手推车，拿着铁锹和粪筐，走到了望花区北后屯，看见了工人住宅的屋前屋后有很多一小堆一小堆的粪便，便立刻捡了起来。一位老大爷从宿舍里出来，很惊奇地问雷锋："军人同志，你们过节还不休息么？"雷锋回答说："响应党的号召，捡点大粪，支援农业，争取今年大丰收嘛。"那位老大爷点点头，笑着和雷锋说："好啊好啊，你真想得周到，过年也不歇着，捡大粪送给公社，这得好好地表扬啦，这种精神也值得大伙学习呀。"雷锋只是说了一句："支援人民公社，这是我应尽的义务。"到了下午的时候，雷锋已经捡了满满一车粪，送给了望花区人民公社。人民公社的负责同志们都很受感动……

第七章　自强不息　锐意进取

不经风雨，

长不成大树；

不受百炼，

难以成钢。

——雷锋诗歌

我国古代典籍《易传·乾卦》中有“天行健，君子以自强不息”的话。意思是说：时间永恒地流逝，天运行不止，有理想、有信念的人应当学习这种精神，积极有为，奋力向前，永不停息。自强不息的精神深深融入在中华民族的生命力、创造力和凝聚力当中，成为中华民族绵延千载、生生不息的精神动力。

一、发扬雷锋锲而不舍的“钉子”精神

首先，雷锋的“钉子”精神体现出一颗锐意进取的上进心。人的思想是决定人的行为的一个很重要的因素，没有高尚思想绝对不会有崇高的行为。所以人在思想改造上应该是一生都要学习、充实和创新。

“钉子”精神体现在雷锋身上，就是干一行、爱一行、钻一行、精一行，永远保持自己历史鲜红的颜色。雷锋先后学会了开拖拉机和推土机、理发、开车、修车等技术活。由于个子小，臂短，投弹不行，他就利用休息时间偷偷练习，最后取得了优秀的成绩。一个贫苦出身的农村孤儿，在短短四年的革命生涯中，挤出工作、训练和做好事之余的时间，凭着一股钻劲、挤劲，学会这么多技能，工作很出色，多次立功受奖。1963 年 2 月，董必武同志作诗赞颂他：“有众读毛选，雷锋特认真。不唯明字句，而且得精神。阶级观清楚，劳动念朴纯。螺丝钉不锈，历史色常新。只做平凡事，皆成巨丽珍。普通一战士，生活为人民。”

其次，雷锋的“钉子”精神体现为勤奋的习惯。时间对任何人来说都是公正、平等的，只是每个人在利用上有所不同。在学习上，雷锋的确有一股“钻”劲。不管遇到什么困难，他都要千方百计把它搞懂。比如，他在学习毛主席著作中，总结了五步学习法。翻开雷锋读过的《毛泽东选集》，几乎每一篇每一页都画了一些学习重点，边边角角上写着一些阅读心得或眉批。在阅读《纪念白求恩》一文时，他在书上的批注达 7 处之多。据统计，他在短暂的一生中，共写了 9 本近 20 万字的学习心得笔记。

再次，雷锋的“钉子”精神包含着科学的学习方法。发扬雷锋“钉子”精神进行学习，不仅要提倡人们多挤出时间学习，还要鼓励大家注重效率，通过提高学习效率为学习“释放”时间，通过提高学习效率获得更多的知识，如果学习效率高，掌握同样的知识所需要的时间和精力将大大减少。投入同样的时间学习，学习的效率越高，学习效果就越好；学习效率越高，就越让人感到学习是有益的，因而更爱学习，这也是一种时间利用和学习效果之间的良性互动。

科学的学习方法将使学习者的才能得到充分的发挥，越学越聪明，而且能带来高效率和乐趣，从而节省大量的时间；反之，则会越学越死板，阻碍才能的发挥，不仅效率低，也造成精力和资源的浪费。

书山有路勤为径，学海无涯苦作舟。弘扬雷锋精神与渴求知识、发愤图强结合起来。要以雷锋为榜样，发扬“钉子”精神，做到“善于挤”和“善于钻”；要珍惜时间，从点滴做起，充分利用分分秒秒；要迎难而上，百折不挠，不断克服“拦路虎”；要毅力坚强，心无旁骛，聚精会神；要善于自控，经得起诱惑，耐得住寂寞。学理论、学经济、学法律、学管理、学科技，学习一切对工作、生活和品格修养有益的东西；力求学深一点，多学一点，不断提升思想境界，努力成为某一领域的行家里手，为中国特色社会主义伟大事业贡献自己的聪明才智。

二、雷锋精神是中华民族自强不息精神的重要体现

自强不息是中华民族精神的核心内容之一。正因为自强不

息，中华民族才能屹立于世界民族之林。雷锋精神是在中华传统文化和中国革命精神的双重滋养中产生的，体现了一代社会主义新人珍视优良传统的优秀品质和奋不顾身的革命斗志。

一部中华文明与民族精神的起源形成史，就是一部勇于抗争、战天斗地、知难而进、自强不息、不断超越的民族史诗。《易经》中的两句话："天行健，君子以自强不息。地势坤，君子以厚德载物。"，这成为古代中华民族精神的集中表征，是现代中华民族精神的源头活水。

应该说，能够体现和发扬我们民族精神的，不仅有历朝历代优秀的领袖人物和其他杰出人物，而且更为基本和重要的则是那些平凡而伟大的英雄，那些在平凡的岗位上默默无闻、为中华民族的生存和发展而辛勤劳动和不懈奋斗的中华儿女，雷锋就是其中的杰出代表。

雷锋积极向上，崇尚实干。在雷锋短暂的一生中，他不论干什么工作，都踏踏实实，从不偷懒耍滑。他并不身居高位，也没有刻意追求轰轰烈烈的业绩，而只是用自己极为平凡的言行，努力做好自己的本职工作，关爱国家、集体和他人，把有限的生命投入到无限的为人民服务之中去。雷锋精神的生命力，既在于它的无私和伟大，也在于它的平凡和一贯。所以，学习和弘扬雷锋精神，具有普遍的社会意义。

在雷锋身上还充分体现出自强不息与积极进取的人生态度。雷锋严于律己，自觉用道德的高标准要求自己，对于自己的缺点错误深刻反思、坚决纠正，对于自己的私心杂念像秋风扫落叶一样坚决清除；雷锋见贤思齐、追求进步，在工作上向积极性最高的同志看齐，在生活上向水平最低的同志看齐；雷锋积极进取、自强不息、永不自满、永不懈怠。雷锋的这种人生态度是值得学习和发扬的。

三、雷锋精神与以改革创新为核心的时代精神相契合

民族精神与时代精神是雷锋精神的活力所在。以爱国主义为核心的民族精神和以改革创新为核心的时代精神共同构成社会主义核心价值体系的精髓，是中华民族伟大复兴的精神动力。而

50 年以来特别是改革开放以来，全社会在发扬雷锋精神的同时，又在不断增加其新的内涵，这都增强了雷锋精神的活力和时代特征。

当前，深入开展学雷锋活动的一个重要目标，就是结合改革发展的时代特征，大力弘扬在他身上所体现出的锐意进取、自强不息的创新精神。以改革创新为核心的时代精神植根于改革开放伟大实践。1978 年，我们党召开具有重大历史意义的十一届三中全会，开启了我国改革开放历史新时期。新时期最鲜明的特点是改革开放，最显著的成就是快速发展，最突出的标志是与时俱进。30 多年来，从农村到城市、从经济领域到其他各个领域，全面改革的进程势不可当；从沿海到沿江，从东部到西部，对外开放的大门毅然打开，使中华民族大踏步赶上时代前进潮流、迎来伟大复兴的光明前景。

中国共产党的面貌发生了历史性变化。波澜壮阔的改革开放实践，孕育和形成了以改革创新为核心的伟大时代精神。解放思想、实事求是、与时俱进的精神极大弘扬；以人为本、尊重科学、崇尚和谐的观念牢固树立；诚实守信、团结友爱、互助奉献的风尚日益浓厚；民主法治、自由平等、公平正义的理念深入人心。这一切，体现了时代精神的丰富内涵，反映了当代中国人民紧跟时代、振兴中华的精神风貌。

【雷锋这样做】

（一）积极的少先队员

1954年秋天，雷锋在清水塘小学光荣地加入了少年儿童先锋队组织。在隆重的入队宣誓大会上，辅导员给他戴上红领巾并告诉他说："红领巾是五星红旗的一角，是无数革命先烈的鲜血染红的，新中国的少先队员，一定要用自己的实际行动，保持红领巾的鲜艳和美丽……"雷锋把这些话都牢牢地记在了心里。

他每天都佩戴着红领巾去上学，晚上回家要把红领巾叠得整整齐齐后放进书包里，决不让红领巾沾上一点灰尘。

有一次外出，雷锋负责举着少先队队旗。可是，中途忽然下起了大雨。雷锋为了避免雨水淋湿队旗，就脱下自己的衣服包住旗子，自己全身都被雨水淋透了，他却毫不在意。他说“我们戴的红领巾，我们举的红队旗，都是革命先烈用鲜血染红的，所以我们应该格外爱护才行！”

1955年上学期间，雷锋转到离家四五里远的荷叶坝完小读书。当时，这所小学只有四五名少先队员，而且正在筹备建立少先队组织。雷锋来到这里后很快就成了建队中的积极分子。他努力动员同学们入队，宣传少先队章程。也用自己的实际行动诠释了一名作为少先队员的意义。

有一次，学校少先队去长沙烈士陵园过队日，当时雷锋的任务是打大鼓。由于雷锋个子小，大鼓又很重，他一连背着大鼓走了十几里，累得满头大汗，浑身都湿透了。辅导员发现后，要找别的同学替换他，可是雷锋却说“不累不累，这是少先队交给我的任务，应该归我完成。就是再苦再累，我心里也觉得甜甜的呢”。他坚持走完了几十里，把这面大鼓背到了烈士陵园。

我们知道雷锋的童年是在苦难中度过的，是共产党把他从旧社会中解放出来并送他读书。小小的雷锋就时刻记住党的恩情，并用自己的实际行动报答这一恩情。最终雷锋成长为一名坚强的共产主义战士，并成为为人民服务的楷模。

（二）雷锋在鞍钢获得的荣誉

1958 年 9 月，雷锋响应支援鞍钢的号召来到了鞍山，在洗煤车间一共工作了九个月零五天。当时车间规定：推土机作业班每周评一次生产标兵，每个月评四次，连续三个月就是季度先进生产者。

雷锋只在推土机班干了三个季度，却三次被评选为先进生产者，那等于是几乎每周都要被评为生产标兵。雷锋还五次被评为车间红旗手以及职工夜校优秀兼职语文教员，出席了鞍钢青年社会主义建设积极分子大会。

1959 年 8 月，雷锋又来到条件艰苦的弓长岭焦化厂参加基础建设。第二年夏季的一天，他带领伙伴们冒雨奋战，保住了 7200 袋水泥免受损失，《辽阳日报》报道了雷锋抢救水泥的事，赞扬他舍己为人的事迹。

（三）苦练本事，自强不息

雷锋因为小的时候营养不良，长得十分矮小，刚刚入伍的时候，在训练掷手榴弹的训练课上，雷锋没有达标。这让一向好强的雷锋心里很不是滋味，于是他就利用别的战友睡觉的时间偷偷地练习。

有一天晚上，雷锋站的是九点到十点的岗。十点应该下岗，可是已经十点半了，雷锋的床上还是空荡荡的。班长王炳仁到岗上去问，接岗的战士说雷锋已经按时回去了。王炳仁就到处寻找雷锋的踪迹。王炳仁在经过车场的时候，发现附近有个黑影在移动，听见有人过来，黑影就躲起来不动了。王炳仁以为有坏人，便大声喊："站起来，不许动！"打开手电一看，才知道是雷锋在用手托砖头练臂力。班长让雷锋立刻回去睡觉，雷锋就恳求说，"我的成绩不好，让我再练一会儿吧。"原来是雷锋担心自己的成绩太差而影响到连队的荣誉。

雷锋在部队里一共度过了两年零八个月。确切地计算，从1960年1月8日到1962年8月15日因公牺牲，他在部队里经历了 951 天。雷锋入伍不久，就接连不断的获得荣誉，从连、营、团到军区各级的，可以说几乎是月月都有奖励：他入伍刚刚半年，7 月 8 日受到三等功表彰 1 次：9 月被授予了“艰苦奋斗节约标兵”的称号；10 月 1 日荣记二等功 1 次；11 月 8 日加入中国共产党；11 月 20 日再次荣记三等功 1 次；11 月 27 日获得“模范共青团员”称号，还被授予了“学习毛主席著作积极分子”称号；1961 年 4 月出席军区团代表大会；5 月 14 日提为副班长，很快又成为班长；8 月被选为抚顺市人民代表；1962 年 1 月被晋升为中士军衔；2 月参加团的党代会；5 月被评为“优秀校外辅导员”……